LES

PRÉVALONNAIS

SCÈNES DE PROVINCE

PAR

Mlle ZÉNAÏDE FLEURIOT

(ANNA-ÉDIANEZ)

TOME SECOND

PARIS
AMBROISE BRAY, LIBRAIRE-ÉDITEUR
RUE CASSETTE, 20
CI-DEVANT RUE DES SAINTS-PÈRES

1865

LES
PRÉVALONNAIS

OUVRAGES DU MÊME AUTEUR

Réséda, deuxième édition, 1 vol. in-12 . . . . . . 2 fr.

Souvenirs d'une Douairière, deuxième édition,
   1 vol. in-12. 2

Marquise et Pêcheur, 1 vol. in-12 2

Sans Beauté, deuxième édition, 1 vol. in-12 . . . 2

La Vie en famille, précédée d'une introduction
   par M. A. Nettement; deuxième édition, 1 vol. in-12. 2

Eva, deuxième édition, 1 vol. in-12 2

Une Famille bretonne, ouvrage pour l'adoles-
   cence, 1 vol. in-12, orné de 4 belles gravures sur
   acier. Deuxième édition. 3

Yvonne de Coatmorvan, 1 vol. in-12 2

Un Cœur de mère, 1 vol. in-12 2

Au Hasard, *Causeries et Nouvelles*, 1 vol. in-12 . . 2

ABBEVILLE. — IMPRIMERIE P. BRIEZ

LES
PRÉVALONNAIS

SCÈNES DE PROVINCE

PAR

Mlle ZÉNAÏDE FLEURIOT

(ANNA-ÉDIANEZ)

TOME SECOND

PARIS
AMBROISE BRAY, LIBRAIRE-ÉDITEUR
RUE CASSETTE, 20
CI-DEVANT RUE DES SAINTS-PÈRES

1865
Tous droits réservés

LES PRÉVALONNAIS

SCÈNES DE PROVINCE

DEUXIÈME PARTIE

(SUITE)

III

Le chant triomphal du coq, qui régnait en maître sur la basse-cour, objet des plus tendres soins de Catherine, éveilla Joseph le lendemain matin. Il ouvrit les yeux et vit d'abord un beau rayon de soleil qui teignait d'or les rideaux rouges de sa fenêtre, ensuite, le museau éveillé d'une souris qui passa sous la main inerte d'Henriette évanouie.

Il arracha un lambeau de tapisserie, en fit des boulettes et les lança à la tête de l'insolente qu'elles n'atteignirent pas, et qui ne disparut que quand il se fut décidé à lui jeter son soulier, dont le talon ferré enleva du même coup une des jambes du galant Damon et la magnifique plume rouge du feutre qu'il tenait à la main. Cette exécution faite, il se leva, fit rapidement sa toilette, ploya les genoux devant un *Ecce homo* dessiné par lui-même et placé au-dessus de la cheminée, et, sa courte prière du matin murmurée, il ouvrit sa fenêtre. Il vit la campage humide, vivante, éblouissante, il vit les cheminées du Chêne fumer et les petites vitres de ses fenêtres étinceler, il descendit en courant et alla retrouver dans la cuisine Catherine qui n'osait pas remuer une casserole de peur de le réveiller.

M. Jérôme avait bien recommandé la veille de ne pas ajouter une miette de beurre pour lui, et cependant elle lui proposa dix façons de déjeuner depuis la savoureuse tasse de café, passion des commères de Prévalon, jusqu'à la soupe au beurre, régal de son enfance. Joseph refusa ces offres splendides, alla au pain, s'en coupa un énorme morceau, le donna à Catherine pour qu'elle y étendit du beurre frais, et il partit pour le Chêne en mordant à belles dents dans cette tartine dont les proportions eussent confondu son oncle.

En route, il rencontra Kolaz qui conduisait Mignonne à la rivière, Nanon, la servante du presbytère, qui allait y laver, deux ou trois ouvriers qui s'en allaient à leur journée.

Chacune de ces rencontres lui prit du temps, et il était neuf heures quand il arriva au Chêne. Au Chêne, on avait aperçu le haut de sa casquette, et tout le monde s'était enfui. Et quand M. Dartel, venu au-devant du visiteur inconnu avec une foule de raisons pour excuser la triste mine de son paletot et ses gros sabots, annonça que ce n'était que Joseph, on accourut avec la plus flatteuse précipitation. Bien que ces dames fussent en toilette du matin, Joseph trouva que sa cousine Laurence, qu'il n'avait pas vue depuis assez longtemps, avait singulièrement embelli. L'enfant devenue jeune fille avait hérité de sa mère d'une éclatante fraîcheur et de deux jolis yeux noirs vifs et fins, elle tenait de son père une taille élancée et un petit air tout distingué, et cet ensemble-là pouvait se passer de parure. Les épais cheveux châtains étaient, en ce moment, tout bonnement relevés en chignon par un peigne dont la solidité était assez problématique dans ce terrain mouvant; elle n'avait pas de fichu, ce qui faisait paraître plus joli encore, sous l'étoffe sombre, le cou élégant qui portait cette figure rieuse, fraîche, franche, jeune, qu'on ne pouvait regarder sans penser à une rose en fleur.

Les accolades données, chacun retourna à ses occupations. Joseph suivit sa tante dans l'appartement où elle travaillait avec sa mère, Mme Boisselet. Il se plaça près des trois dames, et proposa à Laurence de lui aider à dévider un écheveau de coton à broder dont elle allait se servir. Les frères et les cousins sont toujours regardés comme des dévidoirs naturels; Laurence accepta l'offre, et plaça l'écheveau embrouillé sur les poignets maigres, blancs, mais nerveux du jeune homme, qui tint les bras patiemment écartés tout en demandant des détails qu'il n'avait pu tirer de Kolaz.

Il apprit ainsi que ses cousins Dartel étaient attendus, que Charles, l'aîné, commençait son droit, que Paul, le cadet, allait entrer en rhétorique, qu'Auguste Dorcourt, le fils du percepteur, travaillait dans les bureaux de la recette particulière à D***.

— Et les Beautier? demanda Joseph.

Les Beautier étaient des paresseux: Emile avait les cheveux longs et se posait en artiste, l'autre se faisait renvoyer de partout et rêvait de s'engager. Mme Beautier ne s'y opposait pas et n'avait d'yeux que pour Emile, dans lequel elle voyait l'honneur futur de sa famille.

Les renseignements obtenus et l'écheveau dévidé, Joseph se leva.

— Je vais faire une tournée par Prévalon, dit-il ; viens-tu, Laurence ?

Mme Dartel le regarda, et sourit.

— Tu as grandi et Laurence aussi, dit-elle, elle ne peut plus aller courir avec toi par les champs, comme autrefois.

— C'est bien dommage, dit naïvement Joseph.

— C'est bien dommage, répéta Laurence en secouant sa jolie tête.

— Est-ce que Valentine ne viendra pas passer ses vacances avec toi ? demanda Mme Dartel.

— Je n'en sais rien, soupira Joseph, vous connaissez mon oncle.

— Ah ! oui, et j'ai bien envie de vous voir échapper à sa griffe, mes pauvres enfants. Je lui ai demandé Titine, il m'a refusé, et nous ne nous voyons plus du tout.

— J'irai toujours la voir, dit Joseph.

— Quand ?

— Demain.

— Comment iras-tu ?

— Oh ! à pied sans doute.

— Nous allons aussi demain en ville, dit Laurence en regardant sa mère.

— C'est vrai. Veux-tu être à huit heures à la

Croix-Bichet, nous te prendrons, et ton oncle n'en saura rien.

— Je veux bien, dit Joseph, je vous y attendrai.

Cela arrêté, il partit. Auguste Dorcourt n'étant pas chez lui, il passa franc devant la maison occupée par le percepteur. Le percepteur était un gros homme qui était gris six jours par semaine; et sa femme, par ses grands airs, effrayait très-fort le timide Joseph.

Il s'en fut donc, d'un trait, jusqu'à la nouvelle demeure des Beautier. Sous le spécieux prétexte de faire valoir quelques journaux de terre qui lui appartenaient là, le pauvre docteur avait fait bâtir d'abord une étable, puis une écurie, et enfin, sa maison, la maison de ses rêves. Seulement, il l'avait commencée sur un plan tellement grandiose, qu'il avait bien fallu la laisser inachevée. La vieille étant louée, il s'était hâté de faire couvrir en chaume le corps de logis principal, et la famille s'y était logée. Cette habitation inachevée avec ses pavillons sans toit, ses fenêtres bouchées par de la maçonnerie, sa couverture rustique, ses murs à moitié crépis, était un portrait fidèle du propriétaire, dans la cervelle duquel l'ordre avait négligé de se garder une place. S'il était heureux de se voir sous un toit élevé par ses mains, il ne pouvait s'empêcher de reconnaître que cet avantage avait emporté le dernier lambeau de sa félicité domestique. Depuis que, contre son gré, Mme Beautier était arrivée dans cette maison nue, fruit des laborieuses élucubrations architecturales de son mari, c'était une vraie tempête. Tour à tour ironique ou plaignante, elle accablait le malheureux architecte qui perdait peu à peu sa clientèle et dont la situation financière devenait de plus en plus embarrassée. Elle avait bien aidé par son propre désordre à cette situation ; mais, à ses yeux, la cause, la cause unique, c'était cette maison, ce château, comme elle l'appelait par ironie.

Quand Joseph arriva dans la cour encombrée, une partie de la famille se présenta à lui dans des positions d'un pittoresque achevé. A droite, une petite fille chevauchait sur un cochon qu'un garçonnet menait par les oreilles; à gauche, un jeune homme dont les cheveux plats, longs et jaunâtres encadraient la figure blême, lisait assis, les jambes pendantes sur une tonne renversée. Sur le seuil, Mme Beautier et Lucie se disputaient en agitant des linges à demi secs. C'était bien Lucie, cette grosse fille aux cheveux crépus, à l'air insolent et sauvage, à la voix rauque.

— Bonjour, ma tante, cria Joseph d'une voix destinée à couvrir les grognements du cochon et les cris aigus de la petite fille qui s'obstinait à demeurer sur son dos.

Tous regardèrent de son côté, la petite fille n'étant plus maintenue par la main de son frère piqua une tête sur la paille qui faisait litière dans la cour, Lucie laissa tomber d'étonnement le paquet de serviettes qu'elle tenait à la main, le lecteur releva d'une main sale une longue mèche qui pendait sur ses yeux.

— Tu les relaveras toi-même, dit Mme Beautier en apostrophant Lucie. Bonjour, Joseph. Tu as donc pu trouver la grange où ton oncle nous a logés, mon pauvre garçon ?

— Oui, dit Joseph en embrassant à la ronde cousines et cousins ; votre maison d'ailleurs est une des plus hautes du bourg, à présent, ma tante.

— Haute, elle ne l'est que trop, vraiment. Ah ! j'espère bien pour toi que tu n'auras jamais la manie de la truelle. Regarde un peu dans quelle entreprise Beautier s'est empêtré. Quand cela sera-t-il fini ? Jamais, sans doute. Mais enfin il a voulu nous amener à mourir de faim dans un château ; il est fou, que veux-tu ! Entre, entre.

Elle poussa Joseph par les épaules et le fit entrer dans une grande pièce, où les meubles qui meublaient le salon de la vieille maison eussent pu danser une sarabande sans se heurter.

— Ceci est glacial, reprit-elle en simulant un frisson,

même en ce temps-ci on y gèle ; assieds-toi, Joseph. Tu as bien grandi, pas tant qu'Emile, pourtant. Mesurez-vous un peu.

Emile s'approcha, Joseph n'avait guère que la tête au-dessus de lui.

— Où est Claire ? demanda Joseph.

— Avec son père, sans doute ; ils se ressemblent de caractère, la pauvre fille ne pèche pas par trop d'esprit. Tiens, les voici.

Le docteur arrivait, en effet, un peu courbé, un peu vieilli ; il se présenta d'un air soumis, et parut sincèrement content de revoir Joseph. Derrière lui arrivait un petit personnage vêtu d'une assez étrange façon. C'était Claire, l'esprit faible, comme l'appelait sa mère. Ce qu'elle avait de faible, c'était le corps. Sans la timidité de ses manières et l'expression de ses yeux bleus, on l'aurait prise pour une enfant.

Elle portait une robe courte, et ses magnifiques cheveux blonds tombaient sur ses épaules en deux nattes gonflées, de l'air du monde le plus enfantin. Parmi ses frères et ses sœurs Claire formait une frappante exception parce qu'elle était propre, et puis d'ailleurs cette petite fille blonde, frêle, silencieuse, à l'air rêveur, se détachait avantageusement en relief sur le reste de la famille.

— Veux-tu visiter la maison, Joseph ? demanda bientôt le docteur, qui croyait avoir assez fait pour le bonheur de ses visiteurs quand il les avait promenés de la cave au grenier.

— En vérité, n'as-tu pas conscience de vouloir exposer cet enfant à se casser le cou ! s'écria Mélanie.

— Comment, comment, il n'y a pas de danger, ma femme.

— Pas de danger ! n'en crois rien, Joseph, il tombe sans cesse lui-même dans les échelles qui remplacent ses escaliers, car il n'est pas encore question d'escaliers ici. Quand j'ai du linge à faire sécher au grenier il faut que je grimpe. C'est une honte, à mon âge.

— Il faut envoyer tes filles, Mélanie.

— Ce n'est pas plus convenable pour mes filles, et Lucie a eu son compte l'autre jour.

— Lucie est si lourde, remarqua gracieusement Émile.

— Je ne dis pas, mais elle n'en a pas moins failli se casser la jambe. Ce que c'est que d'avoir pour père un bâtisseur de maison.

M. Beautier voulut regimber, il s'ensuivit une petite querelle entre les deux époux. Claire fit un signe à Joseph, sortit avec lui, et le reconduisit jusqu'à la porte extérieure. Elle le regardait timidement, mais curieusement.

— C'est jour de marché, demain, je te verrai, sans doute, en ville, demanda Joseph.

Elle secoua tristement ses grandes nattes blondes.

— Non, dit-elle, je ne bouge jamais de Prévalon, les autres vont, moi je reste : Embrasse bien Titine pour moi.

— La drôle de petite fille, pensa Joseph en la regardant s'éloigner lentement ; mais je crois que c'est encore elle que j'aime mieux de cette maison-ci.

Le reste du jour, il alla de porte en porte dire bonjour à ses anciennes connaissances. Chez le Caporal, il lui fallut faire l'exercice, c'était un ancien élève du vieux soldat ; chez le boulanger, il lui fallut manger une galette de four toute chaude ; partout il fut bien accueilli, car il était doux et il n'était pas fier. Le lendemain, il soigna sa toilette, et, après avoir obtenu de son oncle la permission d'aller en ville, il se dirigea vers la Croix-Bichet, et là il attendit. Comme huit heures sonnaient au bourg, la voiture du Chêne arrivait. Il monta sur le siège de devant avec son oncle qui conduisait, et une heure plus tard il entrait dans le couvent où Valentine était élevée.

La famille Dartel l'accompagnait. Valentine parut bientôt dans sa toilette de pensionnaire, et ils s'embrassèrent avec effusion.

Titine allait avoir seize ans. C'était une fillette bondissante, brune, qui montrait souvent une double rangée de dents fines et blanches. Elle se plaisait beaucoup au couvent, mais avait le plus grand désir d'en sortir. Elle y était pourtant consignée par la volonté de son tuteur, qui n'entendait pas raison là-dessus. On obtint pour elle la permission de passer la journée avec son frère. Ils sortirent ensemble, Titine prit le bras de Joseph, et elle essaya de se donner une petite tournure de femme tout à fait plaisante. Mme Dartel avait une foule de commissions, et les jeunes gens n'étaient pas fâchés de traverser la ville avec elle dans tous les sens. On regardait beaucoup Laurence, qui avait une jolie toilette et qui n'était pas moins jolie que sa toilette.

Tous les Prévalonnais qu'on rencontrait s'arrêtaient pour dire bonjour à Titine fort touchée de cet honneur. Les courses finies, on alla dîner à l'hôtel, et M. Dartel demanda d'être servi dans une chambre particulière, ce qui fit éprouver un désappointement secret aux deux jeunes filles. Dîner à table d'hôte eût été si amusant.

Ils se mirent à table, et Joseph, qui était habitué à la nourriture sobre du collège et à la cuisine plus modeste encore de M. Jérôme, mangea comme quatre. Le dîner touchait à sa fin, quand une voix criarde s'éleva dans l'escalier :

— C'est la porte à gauche, n'est-ce pas? disait-elle, bien ; j'ai laissé mon parapluie en bas, contre la pompe, veuillez le faire chercher ; mes gants doivent être sur la table, mettez-les de côté, je les reprendrai en descendant ; attendez, attendez, je les ai, je crois, oui, oui, ne vous dérangez pas ; la porte à gauche?

— Je connais cette voix, dit M. Dartel.

— Joseph et Titine, levez-vous, et allez au-devant de votre grand'mère, dit en souriant sa femme.

Ils se levèrent impétueusement, la porte s'ouvrit et Mme de Châteaunay parut en criant :

— Mes enfants, mes enfants, où sont-ils?

Elle embrassa Joseph, elle embrassa Valentine, elle embrassa Laurence, et pendant cinq minutes les prit l'une pour l'autre. Laurence lui rappelait sa fille, c'était Laurence qui était Valentine ; un peu plus elle aurait assuré à M. et Mme Dartel qu'ils se trompaient eux-mêmes.

— Je mourais d'envie de les voir, dit-elle en se laissant tomber sur une chaise, je n'y tenais plus ; j'ai dit à ces dames : Il faut que je parte ou je mourrai de chagrin.

— Mais il me semble, madame, dit Mme Dartel, que

rien ne vous serait plus facile que de venir voir Titine de temps en temps, vous êtes libre de quitter Rennes quand vous voulez.

— Madame, répondit Mme de Châteaunay avec agitation, je viendrais si je n'avais pas pris en exécration ce malheureux pays. Je ne sais pas comment j'ai pu me décider à y remettre les pieds. Songez à la perte que j'y ai faite, à ce que j'y ai souffert. Le nom seul de Prévalon me donne mal à la tête, je voudrais ne l'avoir jamais entendu prononcer. Ma fille, mon gendre, y sont morts.

— On meurt partout, madame, remarqua doucement M. Dartel.

— Sans doute, mais je ne suis pas maîtresse de ma sensibilité ; et, quand j'ai été malheureuse quelque part je ne puis plus souffrir la vue de cet endroit-là. Et à Prévalon, d'ailleurs, il y a un homme que je regarde comme mon ennemi mortel, il y a ce monstre qui m'a ravi mes petits-enfants, ce Jérôme Villeandré, dont la vue seule me donnerait une attaque d'apoplexie.

Elle s'interrompit, et dit à Joseph :

— Va un peu voir ce qu'est devenu mon parapluie, mon enfant, j'ai dû le laisser auprès de la pompe, et ces gens d'hôtel sont si peu soigneux.

Joseph obéit.

— Comme il est grand et joli garçon, reprit-elle ; si on me l'avait laissé, j'en aurais fait un homme charmant. Mais avec ce vieux ladre, quelles manières peut-il avoir ? Viens ici, Titine ; est-ce que tu iras passer tes vacances à Prévalon ?

— Non, malheureusement, grand'mère.

— Heureusement, je dis moi fort heureusement. Aller chez un pareil homme, oh ! fi ! fi !

— Je crois qu'il est temps que nous reconduisions Valentine, dit M. Dartel. Venez-vous, madame ?

— Certainement, il faut que j'obtienne de ces dames la permission de la voir et de la faire sortir pendant que je serai ici. Si Joseph pouvait rester aussi ; mais il n'y faut pas songer, et, quant à moi, je ne m'abaisserai pas à le demander à ce vilain être qui est son tuteur.

Elle disait cela en descendant l'escalier. Pour sortir il fallait traverser la cour encombrée de voitures. Mme de Châteaunay se perdait dans ce dédale.

— Eh bien ! eh bien ! où est-elle restée ? demanda M. Dartel qui ne la voyait plus. Ah ! diable !

Mme de Châteaunay avait accroché son châle à une voiture contre laquelle se tenait Jérôme Villéandré lui-même. Son parapluie tomba dans les efforts qu'elle faisait, il le lui releva.

— Je vous remercie, monsieur, en vérité, vous êtes trop bon, dit-elle gracieusement.

Un sourd ricanement lui répondit, il venait de la reconnaître à la voix.

Elle le regarda, le reconnut à son tour et fit un violent effort pour se dégager.

— Vous êtes bien prise, madame, dit-il froidement.

— Ah! ne me parlez pas, vieux scélérat. Monsieur Dartel, Joseph, venez, sa vue m'est odieuse.

M. Dartel et Joseph se précipitèrent et la dégagèrent.

— Un moment, s'il vous plaît, dit l'avare, mes pupilles ont, il paraît, pris la clef des champs, et c'est ce que je ne souffrirai pas. Joseph, restez ici et faites atteler ma voiture. Je vais reconduire moi-même Valentine. Enchanté de vous avoir rencontrée, madame. Allons, suivez-moi, dit-il durement à Valentine, je vais vous remettre en cage, ma petite.

La jeune fille embrassa tristement sa grand'mère, M. Dartel, Laurence et Joseph, et le suivit.

— Oui, il mériterait qu'on lui crevât les yeux, murmura Mme de Châteaunay qui tremblait de colère, c'est un homme sans entrailles, sans cœur, un...

— Allons, madame, trêve d'injures, dit M. Dartel; on

va s'attrouper autour de nous, tout cela ne lui ôtera pas l'autorité que lui donne la loi. Ce qu'il y a de consolant à penser, c'est qu'il n'en a plus pour longtemps.

Et passant de force le bras de la vieille dame sous le sien, il la reconduisit à l'hôtel, où elle put exhaler sa bile contre Jérôme Villeandré et l'accabler de malédictions.

IV

Les premiers jours passés, Joseph se sentit pris par l'ennui. Son oncle lui avait formellement défendu d'aller souvent au Chêne, et d'ailleurs Laurence ne se dérangeait pas de ses occupations pour lui. Les jeunes gens de Prévalon tardaient à arriver, et les Beautier l'ennuyaient. Émile lui récitait des vers de sa façon, que sa mère seule pouvait entendre sans bâiller, Lucie lui disait des choses désagréables, la petite Marie montait sur son dos pour lui tirer les cheveux, et il n'y avait pas moyen de demeurer chez eux une demi-heure sans qu'une dispute s'engageât ; Claire seule ne disait rien, mais elle le traitait avec défiance, comme un étranger. Habitué à la vie commune, au collège, il trouvait triste cette vie solitaire. Les jours mauvais, réfugié dans sa mansarde, il regardait la pluie tomber sur le toit en face. Ce toit recouvrait une maison habitée par les deux vieilles filles les plus tranquilles de Prévalon. La monotonie à son plus haut degré de puissance y logeait avec elles. Le tableau qui se présentait à Joseph jeune homme s'était présenté à Joseph enfant. Dans la cuisine, fraîche l'été, chaude l'hiver, les deux sœurs sont à leur poste, l'une file, l'autre tricote. Un chat gris, ordinairement endormi sur la pierre du foyer ou sur la fenêtre, vient par ses bonds imprévus provoquer un sourire ou un mouvement, mais le plus souvent il est calme aussi. A des heures régulières une des sœurs se dérange, le repas se fait, la fenêtre se ferme et puis se rouvre, et il y a dix ans que c'est tous les jours ainsi. Le temps est à l'orage ou au soleil, il y a dans l'air des bruits menaçants, Prévalon lui-même s'agite, ou se passionne, les aiguilles des sœurs vont, pas un écho de ces bruits extérieurs n'arrive dans cette maison retirée, et, comme, par extraordinaire, le commérage local en est banni, aucune agitation ne peut s'y produire.

Mais, en regardant toujours ce même tableau dans le même cadre, Joseph bâillait. Et puis, moralement, il était seul, et à cet âge où l'on a tant de choses à dire, être seul est une désolation. Son oncle était invisible pour lui, et d'ailleurs, en fait de société, ce n'en était pas une; Catherine était là, toujours bonne, toujours complaisante, toujours aimante, mais fort occupée des choses matérielles, et incapable de comprendre dans ses causes l'ennui de son cher enfant. Joseph, dans cette maison, trouvait tout vieux et triste; Mignonne, qu'il avait voulu soigner, n'avait pas tourné vers lui une seule fois avec affection ses gros yeux chassieux; un vieux chat noir, qui passait pour sorcier dans le bourg, s'était refusé à se laisser apprivoiser; son oncle s'était révolté à l'idée de lui nourrir un chien. Et pourtant il rêvait d'avoir un chien jeune qui l'eût aimé, qui l'eût suivi, qui fût devenu son compagnon.

Ce désir exprimé devant Kolaz fit qu'un jour Joseph, attiré par ses signes mystérieux, se rendit sur ses pas dans la cour du marchand de vin. Kolaz savait tout ce qui se passait dans Prévalon, c'était le démon familier du lieu.

— Il y a des petits là, monsieur Joseph, dit-il,

M. Dorcourt est à goûter du vin, et le marchand et lui en boiront plus d'un coup avant de se séparer, la chienne dort, prenez un des petits, ce sera un de moins à noyer.

Kolaz qui était plein d'esprit, avait parfois les instincts mauvais. Joseph pensa qu'il ne commettrait pas ce vol, mais il passa la main dans la loge pour avoir au moins le plaisir de les voir. Il en tira une petite boule de graisse, aux pattes lourdes garnies d'ongles blancs et fins, un gros petit chien d'un mois, dont le ventre rose effleurait le sol, dont les petits yeux bons et encore bêtes étaient perdus sous de grasses paupières. Ce chien si jeune, à l'air vieillot, se mit avec tant d'abandon à mordiller avec ses petites dents pointues le bas du pantalon de Joseph, que celui-ci le mit dans ses bras seulement pour l'embrasser; mais, oubliant soudain ses vertueuses résolutions, il prit sa course avec le chien qui léchait avec ardeur sa figure d'adolescent. A peine arrivé, il se repentit, et non sans regret le fit rapporter par Kolaz à la loge maternelle. Ce trait de probité ne resta pas sans récompense. Le lendemain, le petit chien lui fut rapporté triomphalement. Kolaz s'était mis à l'affût et s'était fait accepter comme exécuteur des hautes œuvres. Or, au lieu de noyer l'innocent animal, il l'apportait à Joseph. Ce pouvait être une bonne action de le sauver. Joseph la prit pour telle, baptisa son chien du nom de Dick, et ce fut là sa première distraction, distraction empoisonnée par la crainte de voir son oncle découvrir le nouveau commensal.

A la fin du mois il en eut une autre. Tous les jours à six heures du matin, un cortége de charrettes traversait Prévalon pour aller à quelques lieues de là chercher de l'engrais de mer.

Les chevaux avaient des éventails de fougère, les clochettes tintaient joyeusement, Joseph se levait pour les voir défiler, et assistait régulièrement au repas en plein air que faisaient les chevaux en repassant par Prévalon.

Peu à peu, d'ailleurs, pour passer le plus de temps possible avec Dick, auquel Catherine servait ses repas chez le Caporal, qui devait être son propriétaire aux yeux de M. Jérôme, Joseph s'habitua à passer dehors une partie de la journée. Il est si bon de vivre sous le ciel l'été, sa nature molle et poétique s'accommodait si bien de cela! Il sortait le matin dès l'aurore. La population visible et invisible des champs était à l'œuvre, les fleurs se réveillaient. Joseph, assis au coin du jardin avec Dick, regardait, écoutait, charmé. L'herbe foncée était encore humide de rosée, l'air avait une fraîcheur exquise, Joseph aspirait la poésie de ce beau matin, car il était jeune, et la poésie est la sœur de la jeunesse.

Un jour il s'était rendu dans un de ces lieux choisis. C'était un champ d'avoine dont il s'était épris, et qui descendait par une pente douce jusqu'à un ruisseau à demi desséché, qui n'était plus qu'un petit filet d'eau où les oiseaux venaient boire. Il se coucha à demi sous un pommier qui s'étendait comme un parasol au-dessus de sa tête. Autour de lui la terre était éblouissante, le soleil brûlait l'avoine, mais il était à l'ombre, il n'entendait d'autre bruit que le léger frémissement des pailles s'entrechoquant, celui des grappes d'avoine tremblant au moindre souffle, ou le bourdonnement des abeilles et des papillons au vol irrégulier, qui venaient enfoncer leur trompe dans les étoiles bleues de la bourrache, et qui approchaient sans crainte de ce blond rêveur étendu dans l'herbe du sillon.

Quand il eut écouté pendant quelque temps le murmure charmant et confus des voix intérieures qui chuchotent dans les cœurs jeunes et dans les imaginations neuves et fraîches, il ouvrit un roman de Walter Scott, dont le premier chapitre avait été goûté par les rats, et il commençait à lire quand il crut entendre près de lui quelque chose qui lui parut être un écho de voix féminines.

Il regarda à droite, c'était de droite que venait le bruit. Le champ d'avoine dépendait du Chêne et touchait à une des plus jolies promenades, un bois de hêtres, dont les troncs lisses formaient une colonnade des plus régulières. Il y avait six allées impénétrables à tous les rayons. Par celle du milieu s'avançaient Laurence, la grosse Lucie et une troisième femme que Joseph ne connaissait pas et qui lui parut d'une éblouissante beauté. Il n'avait jamais rencontré une femme aussi belle, aussi distinguée, aussi élégante. La robe de l'étrangère était de soie ample et traînante, elle avait des gants, et sur son chapeau ondulait une longue plume d'autruche. Les Prévalonnaises ne connaissaient pas, en promenade champêtre, ce luxe-là. Le tableau ne manquait pas de grâce, Laurence et l'étrangère se détachaient en relief sur le feuillage d'un vert sombre, et Lucie leur servait de repoussoir. Sa taille courte paraissait si épaisse, comparée aux tailles de ses compagnes et aux troncs arrondis des hêtres, elle paraissait si vulgaire et si jaune auprès de l'étrangère à la peau de satin, auprès de Laurence aux joues roses.

Elles passèrent sans soupçonner la présence de ce curieux qui les regardait à travers les tiges frêles, et il vit que Claire Beautier les suivait. Comme toujours l'étrange petite fille s'isolait et ne semblait vouloir que la compagnie des fleurs qu'elle cueillait sur son chemin. Joseph se remit à lire, mais il se sentit fatigué, et, se levant, il prit le sentier qu'elles avaient suivi. Ce sentier conduisait à une prairie qui était une sorte de lieu de plaisance pour les habitants du Chêne. Il ne voulait pas y entrer, des saules, des noisetiers, des ronces, des ajoncs, mettaient devant ses yeux un voile épais. Il grimpa sur le fossé, écarta violemment la masse feuillue, et maintenant des deux mains une grosse branche de noisetier, il se souleva sur la pointe des pieds et glissa la tête par l'ouverture préparée. Elles étaient-là, en effet : Laurence, à demi couchée dans l'herbe, le menton appuyé gracieusement sur sa main. Claire cachant sa tête blonde entre les feuilles frisées d'un saule pleureur. Lucie, carrément assise, ses deux gros pieds sur une touffe de marguerites qu'elle écrasait sans pitié ; l'étrangère debout, appuyée contre le tronc d'un sorbier. Une branche inclinée effleurait son beau front, et les sorbes rouges lui arrangeait sur ses cheveux noirs et brillants une coiffure de corail d'un ravissant effet.

— Je t'assure, Laurence, que ce sera bien amusant de danser sur l'herbe, disait-elle, avec ou sans cavaliers.

— Les cavaliers ne manquent pas à Prévalon, répondit Laurence. Ton frère, — elle écarta ses doigts fins, et pour compter mit l'index de la main droite sur le petit doigt de main gauche, les miens, ceux de Lucie, Auguste Dorcourt.

— Et le petit Villeandré, finit l'inconnue.

Joseph, à cette parole inattendue, fit un mouvement, la branche flexible du noisetier qu'il comprimait de toute sa force se redressa, il perdit plante à moitié, son chapeau tomba dans la prairie, et le vent, s'en emparant, commença à lui faire faire mille capricieuses évolutions que le jeune homme accroché des deux mains aux branches, suivait d'un œil effaré.

— C'est bien dommage que Valentine ne soit pas des nôtres, et c'est un bien méchant homme que son tuteur, reprit celle qui venait de parler. Oh! mon Dieu! qu'est-ce que ce chapeau qui roule?

Elles se détournèrent toutes et partirent d'un grand grand éclat de rire en apercevant la figure rouge de Joseph à demi-perdue dans sa chevelure touffue.

— C'est Joseph, cria Laurence en se redressant.

L'inconnue prit en pitié l'air décontenancé du pauvre garçon, dont la position critique se devinait.

Elle se baissa, saisit le chapeau, marcha vers le fossé et le lui tendit en se pinçant les lèvres pour ne pas trop rire. Joseph allongea le bras, balbutia un remerciment, se remit sur ses pieds par un violent effort, se laissa couler le long du fossé et se mit à courir poursuivi par le rire perlé des jeunes filles que les échos moqueurs répétaient comme à plaisir.

V

Le lendemain matin, comme il s'en allait au hasard avec Dick sur ses talons, Joseph aperçut au delà de la place une voiture attelée de deux beaux chevaux, et il s'arrêta pour la regarder venir. C'était une calèche découverte, et il y avait des dames. Le sang lui monta au visage en voyant que l'une d'elles lui faisait de loin des appels avec la main. Il marcha à pas lents vers l'équipage qu'il reconnaissait maintenant au blason peint sur la portière. La vicomtesse Alix, sa tante Dartel, Laurence et la belle jeune fille étaient là. Il se trouva stupide de n'avoir pas pensé que cette belle inconnue ne pouvait être qu'Alix de Prévalon, la petite Alix, avec laquelle il avait joué autrefois et qu'il avait pu complétement méconnaître. Une ou deux fois il fut tenté de fuir. Il pensait à son aventure de la veille, à ses bas de coton bleu, à sa cravate roulée comme une corde autour de son cou, à sa culotte salie surtout aux genoux, attendu que pour apprendre l'exercice à Dick il se mettait souvent à genoux devant lui.

L'accueil que lui firent ces dames fut cependant de nature à rassurer sa timidité. Quand il parut auprès de la voiture, tête nue, écarlate jusque derrière les oreilles, Mme Alix lui tendit la main, serra cordialement la sienne, et sa fille, penchant à demi vers lui son beau visage, lui dit avec un accent tout amical : « Bonjour, Joseph. » absolument comme autrefois.

Joseph salua gauchement, passa une main agitée dans ses longs cheveux, et regarda ses genoux.

— Il paraît bien timide, murmura Mme de Prévalon à l'oreille de Mme Dartel, c'est un fort joli garçon. Mon Dieu ! Laurence, regardez en ce moment cette figure imberbe et un peu féminine, je crois voir sa mère.

— Oui, oui, il lui ressemble encore d'une manière frappante, répondit Mme Dartel avec un soupir.

— Christian a demandé plus d'une fois de vos nouvelles, Joseph, disait Alix pendant ce petit dialogue.

— Est-ce que vous êtes, est-ce qu'il y a longtemps que

vous êtes à Prévalon? dit Joseph en parlant moins facilement que d'habitude.

— Depuis-avant hier. Ne viendrez-vous pas nous voir?

— Il viendra, certainement, dit Mme de Prévalon, répondant pour le jeune homme. Mon cher Joseph, nous passons deux mois à Prévalon, et je compte sur vous souvent. Mes enfants veulent s'amuser, et vous serez des nôtres, n'est-ce pas?

— Nous l'amènerons, Alix, dit Mme Dartel en posant par un geste affectueux la main sur l'épaule de Joseph.

— Voici M. Christian, dit Laurence.

Christian, qu'on attendait, arrivait en effet à cheval. C'était un cavalier pimpant de fort grand air. Il avait des cheveux châtains flottants et de petites moustaches plus claires. L'expression ouverte de sa physionomie lui donnait avec sa mère une grande ressemblance. Il témoigna une grande joie de revoir Joseph, et lui fit promettre de venir le lendemain au château. Cela arrêté, ils repartirent, et Joseph pétrifié par l'admiration les suivit des yeux. Il n'était pas le seul. Au coin de la ruelle, Catherine, le torchon relevé à la ceinture, avait assisté toute fière à l'entretien de son jeune maître avec les châtelains de Prévalon, et, derrière la petite meule de fagots d'ajoncs élevée à la porte du fournier, Claire Beautier, tout effarouchée, se cachait à demi. Elle s'était réfugiée là pour les laisser passer.

— Est-ce que tu oseras aller au château, dit-elle à Joseph qui la rejoignait.

Avec Laurence, oui, mais vous y viendrez aussi.

— M. Christian est venu hier nous en prier. Maman arrange sa robe de soie, Lucie veut qu'on lui achète un chapeau et Émile une redingote.

— Et toi ?

— Moi, je n'irai pas, je ne vais nulle part. Je reste avec mon père et les petits.

— Pourquoi ?

Claire leva sur Joseph ses grands yeux pensifs ; mais l'expression défiante des jours précédents ne s'y trouvait plus.

— Parce que cela me rend triste, dit-elle.

La raison sembla d'autant plus profonde à Joseph qu'il ne la comprit pas du tout.

— Ah ! il n'est pas permis à tout le monde d'être Alix de Prévalon et d'habiter Prévalon, dit-il, supposant à tout hasard qu'il entrait bien un peu de comparaison chagrine dans les raisonnements de Claire.

Claire secoua la tête, ce qui ramena sur sa poitrine ses deux grandes nattes, parure dont une princesse eût pu se montrer désireuse.

— Ce n'est pas ça, dit-elle, je n'aime pas ce qui est trop grand. Hier, je passais devant cette petite cabane, qu'on dit avoir été la demeure d'un saint ermite, et je me disais qu'une petite maison placée au fond de la forêt, bien loin, bien loin du bourg, me plairait, et que je voudrais y habiter avec mon père, qui est si inoffensif et si doux. Tu vois bien que ce n'est pas ses grandeurs que j'envie à Alix. Non, mais vois-tu, Mme la comtesse n'y est pas, et ils ont tous l'air si heureux !

Un aboiement de Dick suivit le soupir qui finit cette phrase, et un concert d'aboiements y répondit.

Par le chemin qui conduisait au Chêne, débouchaient trois jeunes gens de taille inégale, dont l'ainé avait à peine vingt ans. A cette vue Claire quitta brusquement Joseph, qui pourtant lui disait :

— Reste donc, ce sont les Dartel et Auguste Dorcourt.

C'étaient eux en effet. Ils arrivaient en riant, foulant avec une sorte d'autorité le sol poudreux ; on le voyait, ils se sentaient chez eux. Ce bourg de Prévalon leur appartenait, ils en étaient la fleur, et c'était vraiment pour l'humble village un assez grand honneur d'avoir vu naître ces heureux jeunes gens qui rêvaient tous un avenir brillant loin de cette bourgade à laquelle ils revenaient cependant avec un certain plaisir. A part leurs petites prétentions qui se révélaient dans une démarche assurée, dans les regards pareils à ceux qu'on abaisse sur ce qui semble plus petit que soi, c'étaient trois gentils garçons, n'atteignant ni dans leur toilette ni dans leur tournure la haute élégance de Christian de Prévalon, mais pouvant faire partout une excellente figure.

Le pauvre Joseph ne paraissait pas brillant auprès de ses camarades d'enfance. D'abord il avait son costume d'élève, usé, démodé, disgracieux; et puis, isolé comme il l'était, avec cet oncle qui lui tenait lieu de famille, hélas! ce logis sobre et muet qui remplaçait pour lui le foyer domestique, ne connaissant pas ce naïf orgueil de la vie que donnent une enfance et une première jeunesse heureuses et que savouraient ses camarades plus fortunés, il s'effaçait modestement et ne songeait pas à faire valoir les avantages dont Dieu et la nature l'avaient doué.

— Avec qui causais-tu là, Joseph, demanda le fils du percepteur, quand on eut échangé de nombreuses poignées de main?

— J'ai reconnu les queues jaunes de Claire Beautier, répondit fort irrespectueusement le plus jeune des Dartel.

— Les Beautier, hommes et femmes, vagabondent

donc toujours, dit l'aîné, un joli garçon qui ressemblait à Laurence.

— Ils auraient dû naître bohémiens, reprit Auguste Dorcourt; la mère Beautier serait bien coiffée d'un foulard, la grosse Lucie aussi, et Émile donc! L'as-tu vu Joseph? quelle touche, hein!

— Un Prévalonnais, non civilisé, reprit Charles Dartel un auteur dramatique en herbe. Sa mère nous a confié qu'il écrit des choses superbes. En bien mauvais français sans doute. Fumes-tu?

Il avait tiré de sa poche un étui à cigares et il en offrait à Joseph. Joseph le remercia; il n'avait encore contracté aucune mauvaise habitude. Les autres en prirent, et, le cigare allumé, ils se mirent à marcher lentement en causant. Le petit Paul se donnait des airs d'homme tout à fait plaisants.

— Te voilà donc retombé entre les griffes de ton aimable tuteur? reprit Charles.

— Hélas! oui, dit Joseph.

— Le vieux coquin, à ce que nous disait maman, te rend la vie dure; heureusement que tu vas lui échapper. Que veut-il faire de toi?

— Un notaire, je crois, dit Joseph timidement.

Les trois amis sourirent.

— Et tu te laisseras faire, s'écria Auguste Dorcourt

en s'arrêtant brusquement, ce qui les fit tous arrêter.

— Si cela me plaît, oui.

— Joseph n'est-il pas d'une race de tabellions, dit Paul Dartel gaiement. Tous les Villeandré se sont élevés à l'ombre paisible des panonceaux.

— Et qu'est-ce que cela prouve? reprit Auguste, auquel sa mère avait passé un peu de son orgueil effréné, je suis bien moi le fils du percepteur de Prévalon, et mon père conçoit la douce espérance de me voir à mon tour poursuivre d'avertissements bleus et jaunes les malheureux contribuables, mais il se trompe. On peut naître et mourir à Prévalon; mais y vivre, c'est-à-dire, s'y crétiniser, jamais.

— Si les Prévalonnais t'entendaient, dit Charles en jetant un coup d'œil autour de lui.

Mais il n'y avait rien à craindre. Les auditeurs se réduisaient à ceci : un cochon qui, après quelques pas lourds, était venu s'étendre tout près d'eux, les pattes étalées, les oreilles pendantes, un coq à l'aigrette d'or, rengorgé dans sa collerette d'ébène. L'arrivée du cochon avait interrompu le roi de la basse-cour dans son occupation qui consistait à passer les larges plumes luisantes de sa queue entre son bec durci. Dressé sur ses pattes nerveuses, le coq commençait une sorte de roulade furieuse dont Dick, qui batifolait autour d'eux sans oser suivre les grands chiens qui précédaient la compagnie, avait bien sa part.

Les idées ambitieuses pouvaient donc s'énoncer hautement. Bien que Prévalonnais de naissance, le cochon, le coq et le chien n'avaient garde d'y trouver à redire.

— Mais que serez-vous donc tous? demanda Joseph avec un sourire qui ne manquait pas d'une finesse légèrement ironique.

— Moi, dit Auguste, je me lance dans la haute finance et je deviens maître de forges.

— Et toi, Charles?

— Je me ferai recevoir avocat, et puis nous verrons. Mon cher, il y a des avocats qui deviennent ministres.

— Et toi, Paul?

— Moi, je ceins l'épée, s'écria le bouillant rhétoricien; les sous-lieutenants sont du bois dont on fait les maréchaux de France.

— Vraiment, dit Joseph ébloui malgré lui, vous me distancez terriblement.

— Mais qui t'oblige à arborer fatalement les panonceaux, reprit Auguste en se remettant en marche. Messieurs, que ferions-nous de Joseph?

— Un pékin d'abord, dit Paul en jetant sur Joseph un coup d'œil malin.

— Pourquoi ne tâterais-tu pas de la magistrature? reprit gravement Auguste. Cela est mesuré, réglé, cela te va. Plus tard tu ferais, ma foi! bon effet sous la robe rouge. Seulement il est temps de te dépêcher ; car, grâce à messire Harpagon tu es en retard.

En ce moment l'horloge de l'église sonna l'heure.

— Nous nous sommes oubliés, dit Auguste en jetant le reste de son cigare et en tirant son chapeau pour ramener coquettement autour de sa mâle figure les courts anneaux de ses cheveux noirs et crêpés.

— Où allez-vous donc? demanda Joseph.

— A Prévalon, Christian nous attend. Sais-tu que nous allons joliment nous amuser? Mme de Prévalon donnera même, je crois, plusieurs bals.

— Des bals ! s'écria Joseph.

— Oui. Ah ! Mlle Alix doit être fièrement belle au bal.

— Elle est belle partout, dit Joseph gravement.

— Sans doute. Viens-tu avec nous ?

— Non, je vais au Chêne faire une petite visite à ma tante et à Laurence. Les trouverai-je seules, Charles ?

— Probablement. Mmes de Prévalon ne sont restées que cinq minutes.

— Alors je vous quitte. A Demain.

Le futur Rothschild, le futur ministre, le futur maréchal de France et le futur premier président se séparèrent.

Joseph siffla Dick, qui avait des velléités de se familiariser avec les grands chiens, et s'en alla tout songeur vers le sentier qui conduisait au Chêne par la traverse. La robe rouge qu'on avait étalée à ses yeux était bien pour quelque chose dans sa préoccupation. Quel est l'être qui, si modeste que soient ses goûts, n'a pas, dans son cœur chaud de jeunesse, senti passer une bouffée d'ambition. Son nom prononcé à haute voix l'arracha à ses réflexions. Il longeait une prairie étroite au delà de laquelle murmurait un ruisseau parmi des saules aux troncs tortueux et crevassés. Claire Beautier, un paquet d'herbes à la main, était debout appuyée contre l'un d'eux.

— Que fais-tu là? demanda Joseph, qui en quelques bonds l'eut rejointe.

— Tu le vois, je cherche du cresson d'eau. Papa l'aime beaucoup, il y en a de très-bon dans le ruisseau. Seulement il est sale, je vais le trier et le laver. Veux-tu m'aider?

Jozeph, sans répondre, alla s'asseoir près d'elle sur l'herbe, à l'ombre du plus beau saule dont les branches pressées, dressées verticalement, formaient de loin comme une épaisse gerbe de verdure.

— Les Dartel m'ont-ils reconnue? demanda Claire tout en faisant son triage.

— Oui. Pourquoi t'échappes-tu toujours comme ça?

— Parce que je suis sauvage et qu'ils me font peur.

— Oh! par exemple!

Claire regarda Joseph, et, se penchant pour tremper dans l'eau du ruisseau un brin de cresson lourd de boue:

— C'est comme cela, reprit-elle, il n'y a que toi qui ne me fasses pas peur. Quand tu es arrivé, je me défiais, je te trouvais si grand; mais j'ai vu que tu étais resté aussi Prévalonnais que moi, et maintenant, comme autrefois, je te regarde comme mon frère.

— Et moi comme ma sœur. Tiens, Claire, je t'aime comme Titine, pareil, et je suis bien aise de te voir quitter tes airs réservés et tes mines de grande personne.

— Devant moi, tu n'es pas timide, n'est-ce pas Joseph?

— Non.

— Ni moi devant toi, et je te parle, tandis qu'avec les autres je ne sais que dire. Toi seul, vois-tu, Joseph, es resté le même; les autres ont changé. Pourquoi n'avons-nous pas fait comme les autres? Je n'en sais rien. C'est peut-être parce que nous sommes plus simples qu'eux.

— Plus simples, oui, dit Joseph en secouant la tête, mais entendons-nous, ma chère.

— Je ne veux pas dire plus sots, reprit Claire en souriant finement. Mais nous sommes timides et pas façonnés. Alors ils nous regardent du haut de leur aplomb, et cela déconcerte.

— Je ne veux plus être timide, dit résolûment Joseph.

— Tu le seras toujours à Prévalon. C'est l'habitude du monde qui triomphe de cela. Avec les Prévalonnais que je vois fréquemment, je ne songe pas à m'intimider. Il est vrai que la plupart n'ont rien d'intimidant. Mais avec les étrangers, quels qu'ils soient, mais surtout avec ceux qui ont dans les manières, dans le regard ou dans la voix, je ne sais quoi qui plait et qui impressionne, parce que cela révèle les natures vraiment délicates, les intelligences vraiment distinguées, avec ceux-là, je demeure bâillonnée, et j'ai beau me révolter en dedans, mon cœur va son train et bat d'une façon absurde. Il faut le dire, je me trouve rarement exposée à ce supplice, qui pourrait, je le sens, se changer en une grande jouissance, si j'osais davantage. Mais, continua Claire en s'interrompant elle-même, n'est-ce pas une mouche qui vogue sur cette branche. Pauvre bête! ses petites pattes sont prises dans ce feuillage gluant et elle navigue malgré elle ; comme elle se débat ; tiens ma robe, Joseph, empêche-moi de glisser, je vais la sauver.

Elle se pencha, saisit la branche et la rejeta sur l'autre bord. Mais son mouvement avait été brusque, et un cahier cartonné tomba de la poche de son tablier dans l'eau.

Joseph par un geste aussi rapide que la pensée le repêcha.

— Tiens ! dit-il en essuyant à son pantalon de coutil le carton qui ruisselait d'eau, tu t'amuses à faire des recueils de poésies. Je les aime beaucoup, les poésies. Tu permets, Claire ?

— Non, dit Claire d'un ton bref, en saisissant précipitamment le cahier par l'autre bout.

Mais Joseph ne lâcha pas.

— Tu as rougi ? s'écria-t-il ; ces vers sont de toi, je les lirai.

— Joseph c'est mal ; tu es un indiscret, dit Claire qui devenait plus rouge.

— Et toi une trompeuse. Tu m'appelles ton frère, et tu me caches tes secrets. Si Titine faisait des vers, elle me les montrerait bien, va.

— Non... car tu te moquerais ?

— Quant à cela, j'ai bien permis qu'on se moquât des miens.

— Ah ! tu en as fait aussi.

— Trois pièces : une satire sur un détestable plat de carottes ; une idylle sur une petite fille qui filait en gardant ses moutons, une élégie. J'y célébrais la tendresse maternelle et j'y avais été amené par la vue de notre chèvre allaitant son petit. Les trois pièces ne valaient rien.

— Cette modestie dispose à l'indulgence, dit Claire en riant. Lis, si tu veux.

Ils se rassirent et Joseph ouvrit le petit cahier, mais le repassant à Claire :

— Lis toi-même, dit-il, c'est très mal écrit.

Claire ne se fit pas prier et commença la lecture d'une voix émue qui dominait à peine le léger frémissement des feuilles du saule et l'imperceptible murmure du ruisseau.

Aux premiers vers, l'attention de Joseph fut excitée. Il avait compté sur des rimes comme en forgent, hélas ! tant de poëtes novices ; il entendait un langage vraiment poétique dont la beauté le frappait. Si Joseph ne savait pas saluer avec grâce, ce qui ne s'apprend pas au petit séminaire, il avait de l'instruction et du goût.

Donc il écoutait charmé et surtout profondément surpris. Comment la poésie, cette fleur délicate, avait-elle pu éclore dans le milieu où avait toujours vécu la fille du médecin? Comment dans ces tiraillements, ces vulgarités, cette vie courbée, cette enfant avait-elle pu subir le charme de cette voix mystérieuse qui, vibrant dans le cœur, a un écho dans l'intelligence? Comment dans son ignorance forcée, avait-elle eu la puissance de joindre ses sentiments et ses impressions en un langage rhythmé qui révélait un remarquable instinct de l'harmonie? On n'explique pas ces mystères. Claire, par sa délicatesse native, avait échappé au danger de la liberté illimitée dont jouissaient les enfants de Mme Beautier et de la vie nomade qu'ils menaient. Cette liberté, dont elle n'avait jamais abusé, avait servi dès lors au développement de ses goûts poétiques.

Pendant que Lucie, qui avait les habitudes de sa mère, allait prêter l'oreille aux cancans du jour, Claire s'en allait cueillir un autre butin. Avec une vague idée de se rendre utile, elle conduisait elle-même dans les endroits plantureux du jardin leur vache qui regardait passer les nuages dans la petite lande appelée chez les Beautier, par dérision vraiment: le pâturage; ou bien encore elle prenait un ouvrage facile et s'enfonçait seule dans la forêt qui touchait à l'enclos paternel. Dans la bibliothèque du docteur il y avait bien, comme partout, quelques volumes dépareillés de nos grands poëtes dont la lecture avait saisi son âme ; mais sa grande inspiratrice, c'était la forêt de Prévalon, avec ses clairières silencieuses, ses grottes obscures, son recueillement solennel. Presque toutes les pièces du petit cahier en célébraient les beautés. Accompagnée du complaisant docteur, Claire l'avait vue sous tous ses aspects ; elle savait l'effet du rayon de lune sur le lac et les rochers sombres, celui du rayon de soleil dans les taillis épais et sur le feuillage humide de rosée. Et cela était peint de main de maître.

La lecture se termina par une ode à la gloire. En lisant ce titre si étrange dans sa bouche rose, la voix de Claire s'était soudain raffermie et elle avait relevé son front en rejetant en arrière ses tresses blondes, par un mouvement d'une instinctive fierté.

— Ils sont charmants, tes vers ! dit Joseph très-sérieusement quand elle se tut.

— Tu trouves ?

— Oui. J'en ai lu d'imprimés qui ne les valaient pas. Sais-tu que cela me semble drôle de penser que tu es poëte, vraiment poëte ?

— Et à moi aussi, Joseph. Où as-tu mis ton cresson, donne-le-moi.

Joseph le lui passa et se leva.

— Il est temps que je parte, dit-il ; on dirait que,

comme une petite sirène, tu t'étais nichée contre ce vieux saule pour me retenir, ajouta-t-il en souriant.

— Où comptes-tu aller?

— Au Chêne, et, décidément je puis bien te l'avouer à toi, Claire, je vais prier Laurence de m'apprendre à me présenter. Ma gaucherie me tue.

— Laurence t'apprendra. Elle est très-bien, Laurence, et bien distinguée pour une Prévalonnaise.

— Cela m'a fait cet effet-là. Je me sens un peu gêné avec elle, beaucoup plus qu'avec toi; ce n'est plus une camarade c'est une demoiselle. Crois-tu qu'elle se moque de moi? Si elle allait me trouver ridicule, j'en serais désolé.

— Oh! sois tranquille: Laurence a trop de bonté pour cela, et ensuite trop d'esprit pour se tromper aussi grossièrement. Franchement tu n'es pas un cavalier aussi élégant que M. Christian, tu n'as pas la toilette des Dartel, ni l'air assuré d'Auguste Dorcourt, cependant tu peux les valoir tous et tu n'as rien de ridicule. Mais j'y pense, je puis faire un paquet de mon cresson, le laisser ici les pieds dans l'eau et aller avec toi au Chêne.

— Sans doute, dit Joseph en se levant, viens!

Le cresson mis en botte fut déposé dans une petite anse, et ils reprirent le sentier. Cinq minutes plus tard, Laurence qui travaillait dans sa chambre, les vit entrer dans la cour. Elle se pencha à sa fenêtre et leur cria gaiement :

— Montez.

Il y avait quelqu'un au salon, et pour Joseph et Claire elle ne se gênait pas.

Il y eut un moment d'embarras quand il fallut expliquer le but de la visite.

— Claire, tu sais ce que je viens faire, dis-le ? murmura lâchement Joseph.

— Vraiment, tu peux bien parler toi-même, riposta Claire. Ici, devant Laurence, crois-tu que je vais te servir d'interprète ? ce serait te rendre incurable.

Enfin Joseph parla, et Laurence rit beaucoup en apprenant qu'il venait lui demander une leçon de bonne grâce. Elle se hâta toutefois de déclarer qu'elle était toute à son service. Elle arrêta le cérémonial à exécuter et se plaça dans un fauteuil en disant de son air le plus grave et en roidissant la taille :

— Je suis la comtesse de Prévalon.

Claire se percha sur un tabouret pour juger des effets.

Joseph sortit, rentra et ressortit encore. Quand il apparaissait, le fou rire les saisissait tous les trois et il fallait recommencer. Enfin il put accomplir en entier ce qu'il avait à faire : entrer, se découvrir, marcher et saluer. Les avis pleuvaient, il avançait trop le cou, il marchait en hésitant, il se courbait trop ou pas assez, il était roide ou dégingandé. Claire, inquiète du résultat, sauta tout à coup de dessus son tabouret, prit le chapeau du jeune homme, le plaça sur sa tête blonde, et dit :

— Regarde bien, je vais imiter M. Christian.

En effet, après être sortie, elle rentra, se découvrit cavalièrement, et la tête haute, la taille cambrée, elle marcha vers Laurence et la salua avec une aisance si noble, que Joseph cria :

— Bravo !

Et, cela l'enhardissant, il reprit ses essais ; et, comme il était naturellement gracieux, il se comporta bientôt d'une manière satisfaisante.

— Maintenant, je retourne à mon cresson, dit Claire, en cherchant des yeux son chapeau de paille garni de rubans fanés.

— A demain alors, dit Laurence.

— Elle ne veut pas venir, dit Joseph d'un ton de reproche.

— Mme de Prévalon et Alix comptent sur toi, je t'en préviens, dit Laurence.

— Je ne saurais pas comment m'habiller, je n'ai pas de toilette, et d'ailleurs j'ai dit à Joseph pourquoi je refusais, dit Claire dont les yeux était redevenus rêveurs.

— Ta toilette! mais rien ne serait plus facile que de t'en arranger une, reprit vivement Laurence, qui n'avait fait attention qu'à cette réflexion, ta robe de mousseline blanche est fraîche.

— Et mes cheveux, dit Claire en secouant ses nattes.

— Je m'en charge. Je demanderai à maman de passer par chez toi; tiens-toi prête, je te coifferai. Allons promets-moi de venir?

Claire demeura quelques instants silencieuse.

— Tu es si bonne, dit-elle enfin, que, pour toi, j'irai.

Cela arrangé, Joseph et elle reprirent le chemin du bourg.

Joseph se hâta d'aller annoncer à Catherine la grande nouvelle et il s'occupa beaucoup de sa toilette. Le tailleur du bourg raccourcit de quelques pouces sa redingote dont les longs pans lui battaient les jarrets; on se procura une paire de gants chez le mercier qui n'en vendait pas ordinairement, mais qui, sachant l'arrivée de la jeunesse prévalonnaise, avait eu l'excellente idée d'en rapporter quelques paires de la ville, et Catherine paya. M. Jérôme ne l'aurait pas fait. Bien que l'argent qu'il recevait pour ses pupilles ne lui appartînt pas, il ne s'en séparait pas de bonne grâce et tonnait contre les dépenses inutiles. Aussi dans cette solennelle occasion, comme dans bien d'autres, Catherine servit de banquier à Joseph.

VI

Le château de Prévalon n'avait pas de parc proprement dit. Son parc, c'était sa forêt, parc royal s'il en fût. A gauche du château s'élevaient les communs et les jardins potagers ; à droite une simple grille séparait la cour d'une des plus belles allées percées dans l'immense forêt, et devant s'ouvrait l'avenue plantée de hêtres dont il a été parlé. C'était dans une partie de cette avenue, devenue une splendide salle d'été, que dansait à l'ombre la jeunesse prévalonnaise invitée par Mme Alix. Les parents s'asseyaient sur des banquettes préparées, et l'orchestre trônait au milieu de l'avenue. C'était un orchestre rustique, composé d'un tambourin, d'une flûte et d'un biniou dont l'aigre mélopée faisait fuir les oiseaux à tire-d'ailes. Plusieurs familles des environs avaient envoyé des députations, et la ronde pouvait se former dans une gracieuse proportion.

Parmi les danseuses, trois surtout attiraient l'attention. D'abord Alix de Prévalon qui, avec sa simple robe blanche, avait l'air d'une jeune reine, et qui portait d'une manière royale sa couronne de roses naturelles ; ensuite Laurence Dartel, qui avait mêlé à ses cheveux châtains chaudement dorés sur les tempes une branche rouge de grenadier ; enfin une troisième jeune fille, une jeune fille enfant couronnée de bleuets, vêtue d'une robe blanche trop courte qui laissait voir deux jambes fines et deux petits pieds qui foulaient l'herbe avec une telle légèreté, qu'une de ces dames en la voyant avait demandé le nom de cette petite nymphe aux cheveux blonds. Et vraiment le mot ne convenait pas mal à Claire Beautier, car c'était elle. Ses immenses cheveux relevés sur son front un peu bas le dégageaient et l'entouraient d'une auréole d'or pâle légèrement frisée dans laquelle se fondait harmonieusement son visage doux aux traits délicats. La timidité un peu sauvage de sa physionomie et de son maintien devenait une grâce de plus et lui donnait une distinction à part. Elle ne levait guère ses longues paupières frangées, et, quand il lui fallait fixer quelque part son regard d'azur voilé, ce n'était jamais pour longtemps. Au moment de distribuer à chacune sa fraîche parure de fleurs naturelles, Alix avait constellé de bleuets les cheveux blonds de Claire, et une coquette n'aurait rien trouvé de mieux pour elle-même. On peut hardiment l'avancer, toute cette jeunesse s'amusait à faire plaisir, sans arrière pensée, sans réflexion chagrine, comme on s'amuse à vingt ans, quand le toit paternel jette encore son ombre bénie sur le front.

Il y en avait là quelques-uns qui avaient eu la pensée de se poser en hommes sérieux et d'offrir au respect général leur barbe et leur gravité ; mais, au contact de cette gaieté de bon aloi, devant cette ronde tourbillonnante conduite par cette séduisante déesse : la jeunesse, ils s'étaient décidés à paraître jeunes. Les vieux garçons et les papas ne faisaient vraiment pas tant de façons. Quand les quadrilles s'organisaient et qu'un cavalier manquait, Alix choisissait parmi les regardants et allait faire son invitation de la façon la plus gracieuse. Elle était toujours acceptée, et le danseur improvisé lui offrait galamment le bras en se permettant toutefois de regretter tout haut qu'il fût à l'âge où les rôles étaient si complétement renversés qu'une aussi charmante femme vînt solliciter sa main pour une contredanse.

Mais, s'il y avait quelqu'un à s'amuser, à éprouver des étouffements de plaisir et d'étonnement, c'était Joseph. Le premier moment passé, il avait bravement pris son parti sur sa toilette et il agitait gaiement, sans relâche, les pans coupés de sa redingote encore trop longue de beaucoup. Une fois lancé surtout, il s'oubliait lui-même, et ce n'était qu'au repos qu'il adressait en soupirant des œillades aux habits de ses camarades. Il enviait jusqu'à la chaîne d'acier qui tombait si élégamment du gilet d'uniforme de Paul Dartel dont la montre faisait son entrée dans le monde, une petite montre d'argent fort simple mais qu'il consultait souvent et avec la chaîne de laquelle il trouvait de bon goût de jouer négligemment. Oh! cette chaîne avait des scintillements tout particuliers pour Joseph, et un peu plus fût entrée dans son cœur « La sombre Envie à l'œil timide et louche. »

Mais non, ce n'était pas l'Envie ainsi peinte dans *la Henriade*, c'était une bonne petite envie au regard franc, qui n'avait presque aucun lien de parenté avec sa sœur farouche.

Joseph, dansant pour le plaisir de danser, dansait avec tout le monde; mais on remarquait qu'il avait d'incroyables audaces quand il s'agissait de devenir loyalement ou même déloyalement le cavalier d'Alix de Prévalon. Il ne se gênait pas d'ailleurs pour lui payer le tribut de sa naïve admiration, et laissait plaisanter ses amis.

Au dehors du cercle dansant, le mauvais esprit prévalonnais s'était abattu sur un chêne contre le tronc massif duquel s'appuyaient le dos altier de Mme Dorcourt et le dos plat de Mme Beautier. Généralement elles ne s'aimaient ni ne se recherchaient. Mme Beautier, depuis que le jeune Auguste avait eu une dent de lait arrachée par le nouveau médecin, avait livré la femme du percepteur aux langues des commères qui se réunissaient parfois chez elle, et Mme Dorcourt avait toujours trouvé aux Beautier l'air si commun, qu'elle ne consentait à les voir que dans les grandes occasions et parce qu'une de ces lointaines parentés qu'on entretient en Bretagne les liait forcément. Ce jour-là, elles se rejoignirent. Mme Dorcourt se sentait piquée au vif de l'intimité qu'elle devinait entre Mme de Prévalon et Mme Dartel, et Mme Beautier, fort jalouse de son naturel, avait besoin de communiquer à quelqu'un le dépit qu'elle éprouvait devant ces toilettes de femmes et de jeunes filles qui lui agaçaient les nerfs. Elles se firent donc mutuellement des concessions. Après avoir médit de l'ensemble et en avoir charitablement gémi, Mme Dorcourt trouva, comme Mme Beautier, que Laurence et sa mère avaient une toilette extravagante, et que cette dernière était dépourvue de charme, bien qu'elle parût persuadée du contraire. Mme Beautier, pour plaire à Mme Dorcourt, affirma de son côté que Charles Dartel ne brillait pas auprès d'Auguste Dorcourt, qu'il avait le nez gros et un air fat tout à fait déplaisant. Christian et Alix trouvèrent à peine grâce devant ces dames, et comme, en parlant du gros nez de Charles Dartel, Mme Beautier arrêtait un regard de complaisance sur le nez montueux d'Emile qui gambadait comme un fou furieux en secouant sa crinière jaune, Mme Dorcourt s'aperçut pour la première fois que le jeune Beautier avait un profil vraiment bourbonnien et qu'il dépassait Christian en distinction.

Mon Dieu ! on entendait bien parfois parmi les divines mélodies de la forêt le cri discordant du geai et les lugubres hou-hou des chouettes ; on voyait bien courir sur les gazons veloutés ou brillants, parmi les jolis lézards verts et les scarabées au corsage de pourpre ou d'or, de hideux insectes à la démarche tortueuse, à la bave salissante. Cela ne nuisait en rien à la beauté et à l'harmonie générales, pas plus que ne nuisaient à la joie franche, aux gais ébats de cette honnête et gracieuse jeunesse, les caquets sourds et les critiques méchantes de ces dames.

La collation, qui pendant un assez long temps fit

taire l'orchestre rustique, ne put, quelque splendide qu'elle fût, adoucir leur humeur dénigrante, et elles reprenaient la place où elles chuchotaient à l'aise et d'où elles lançaient sans crainte leur venin sur leur prochain, quand un bruit étrange, qui se fit entendre dans la profondeur de la forêt derrière elles, suspendit forcément leur entretien. C'étaient des froissements de feuilles et des cassures de branches qui pouvaient donner à penser que des hommes ou des bêtes fauves couraient dans le taillis.

— C'est peut-être un loup, cria Mme Beautier avec un bond de frayeur.

Mme Dorcourt prêta l'oreille, le bruit se rapprochait, et on entendait de plus une respiration sifflante qui les effraya tout de bon.

— Des loups, des loups! hurla Mme Beautier en prenant sa course. Ah! mon Dieu!

Tout le monde s'était levé.

— Mais c'est impossible, madame, dit Gaston de Prévalon en rassurant d'un geste les dames qui l'entouraient.

— Ecoutez, écoutez! reprit Mme Beautier dont les papillottes tourbillonnaient follement autour de la tête.

— Comme elle disait cela, les branches s'ouvrirent violemment derrière le chêne où elle s'était assise, et non pas un loup, mais un homme sauta dans l'avenue. Il haletait, il avait la tête nue. En se trouvant inopinément au milieu de tout ce monde il s'arrêta machinalement, stupéfait. Son hésitation fut courte, mais elle donnait de l'avance à ceux qui le poursuivaient. Deux hommes, deux gardes de la forêt, apparaissaient à leur tour. Le premier l'eut rejoint en quelques enjambées, et, le saisissant au collet, il essaya, malgré sa résistance, de lui faire faire volte-face. L'autre garde, répondant à l'appel de Gaston, s'était avancé vers le groupe effarouché des femmes.

— Qu'y a-t-il, Marc? demanda M. de Prévalon, et pourquoi cette poursuite? Qui est cet homme? un braconnier?

— Je n'en sais, ma foi, rien, monsieur, répondit le jeune homme en épongeant son front mouillé de sueur, avec la manche de sa blouse ; s'il chasse, c'est sans fusil et sans chien. Mais depuis ce matin il rôde par la forêt, autour du château, se cachant quand on le voit, ce qui n'annonce pas de bonnes intentions. Ce particulier-là m'occupait, et, comme Germain l'avait vu de son côté, nous nous sommes entendus pour lui demander un peu de quoi il retournait. Il a détalé en nous apercevant, et nous avons eu beau lui demander son nom et lui crier de nous attendre, il s'est mis à courir comme un enragé. Alors nous lui avons donné la chasse, et, sans le temps d'arrêt qu'il a pris ici, il se jetait dans les taillis Robert et nous échappait, car il a des jarrets d'acier, ce vieux-là.

En ce moment le délinquant arrivait traîné par l'autre garde, un robuste gaillard contre lequel on pouvait lutter d'agilité, mais non point de force.

Gaston le regardait de loin avec défiance; mais, à mesure qu'il approchait, son visage exprimait un étonnement profond.

— Comment! s'écria-t-il tout à coup, mais c'est lui, c'est bien lui!

Et s'adressant à Germain :

— Lâchez ce vieillard! ordonna-t-il.

Germain obéit, mais resta debout à ses côtés.

Le fuyard releva la tête.

— Vous m'avez donc reconnu, monsieur Gaston, bégaya-t-il avec confusion.

— Sans doute, et je ne m'explique pas pourquoi vous vous faites arrêter à Prévalon, mon vieux Julien. On ne chasse pas un fidèle serviteur comme vous. Quelle idée avez-vous eue de ne pas répondre à mes gardes et de fuir devant eux comme un malfaiteur?

Julien jeta un regard craintif vers le château.

— Voilà bien des années que je n'avais vu Prévalon,

dit-il, et je ne sais pas comment j'avais toujours l'idée de revenir. Je suis venu, croyant qu'il n'y avait personne. Quel mal y avait-il à regarder le château de la forêt et à visiter les endroits où j'ai si souvent conduit mon maître pendant sa dernière maladie?

— Aucun, assurément, mais pourquoi errer ainsi au dehors? La grille de la cour est ouverte, il me semble, et, quand elle ne le serait pas, elle se serait ouverte devant vous?

— Je le sais bien, monsieur Gaston, et je crois entendre parler votre grand-oncle, que Dieu veuille avoir son âme! mais, quand j'ai vu que le château était habité je me suis rappelé que j'avais dans le temps fâché Mme la comtesse et que....

— D'abord ma mère n'est pas à Prévalon, interrompit vivement Gaston; ensuite elle a oublié, soyez-en sûr, ce petit différend, et vous n'avez rien à craindre. Germain, conduisez-le au château et faites-le se rafraîchir.

A ces mots : « Ma mère n'est pas à Prévalon, » la figure inquiète, bouleversée du vieillard s'était soudain rassérénée, et il suivit d'un pas léger Germain qui obéissait à l'ordre donné.

— Vous le voyez, mesdames, il n'y avait pas de quoi s'effrayer, vint dire Gaston aux dames; c'est tout simplement l'ancien valet de chambre de mon grand-oncle qui rôdait par ici, n'osant pas, je ne sais trop pourquoi, se présenter au château.

Tout le monde se remit, les groupes se reformèrent, les danses se réorganisèrent, et Mme Beautier et Mme Dorcourt reprirent l'entretien interrompu.

— Avez-vous vu comme ce pauvre homme tremblait à la seule idée d'être vu par la comtesse, commença Mme Dorcourt d'un air mystérieux, tout le monde tremble devant cette femme.

— Il y avait eu bien des petites choses de dites quand il quitta le château, répondit Mme Beautier en savourant une prise de tabac.

— Quoi ? demanda Mme Dorcourt dont les yeux s'allumèrent, racontez-moi ça, je n'habitais pas Prévalon alors.

— Vous raconter ! hum cela n'est pas si facile, c'est un mot de l'un, un mot de l'autre ; mais je crois bien qu'il s'est passé de drôles de choses au château. Mon mari en sait plus qu'il ne veut en dire, et le vieux Jérôme Villeandré aussi.

— Comment ! et vous n'avez pas questionné M. Beautier ?

Mme Beautier leva magistralement les épaules.

— Êtes-vous simple, Augustine ! dit-elle. Dites que je

lui ai fait les mille et mille misères pour l'obliger à me confier ce qu'il sait, et qu'il m'a toujours resisté.

— Oh! par exemple, Mélanie, dit Mme Dorcourt avec un jeu de physionomie qui témoignait clairement de la docilité de M. Dorcourt.

— C'est à n'y pas croire, je sais bien. Est-ce que les hommes doivent avoir des secrets pour leurs femmes, quand elles ne sont pas bavardes, s'entend. Eh bien, non! je n'ai rien su par lui ; il m'a toujours répondu : Ça ne nous regarde pas. S'il m'avait seulement dit le nom de cette dame étrangère qui est restée trois jours au Soleil-d'Or et qui recevait tant de visites de Julien ; mais non, rien. Ah! ma pauvre Augustine, vous ne savez pas, il paraît, ce que c'est qu'un homme têtu. Avec sa manie de bâtir, ne nous a-t-il pas logés moi et ses cinq enfants dans une grange où nous mourrons tous de la poitrine cet hiver.

— Mais enfin vous avez bien pu en tirer quelque chose? reprit Mme Dorcourt dont la curiosité n'était pas satisfaite.

— Rien; mais il y en a qui disent que cette orgueilleuse femme, la comtesse, a accaparé injustement cette grosse fortune, et qu'elle a renvoyé Julien parce qu'il n'avait pas voulu empoisonner son maître.

— Ah! grand Dieu! Mélanie, ne put s'empêcher de

dire Mme Dorcourt, croyez-vous que ce soit une pareille scélérate ?

— Ma chère, dit Mme Beautier en baissant davantage la voix, mon idée, à moi, est qu'elle l'a fait empoisonner.

— Mais pourquoi, puisque son mari héritait de droit? reprit Mme Dorcourt dont le jugement était moins faux et les idées moins violentes.

— Il avait des frères.

— Qui étaient morts avant lui, Mélanie.

— Ta, ta, ma lavandière, la vieille Barbe, a vu un soir sortir de la forêt de Prévalon un pauvre qui ressemblait trait pour trait à M. Bertrand.

— Mais ce n'était pas lui, puisque c'était un pauvre ?

— Je suis sûre que c'était lui. Il était charmant autrefois, M. Bertrand, mais c'était un exécrable sujet. Il s'était abruti, ruiné, endetté ; on disait qu'il était réduit à casser des pierres sur les chemins pour vivre ; mais enfin c'était un Prévalon et il héritait de tout décidément.

— Était-il marié ?

— Non, mais il pouvait plus tard faire des choux et des raves de sa fortune. Il y en a qui disent qu'il existe encore, et s'il venait à reparaître....

— Quel coup ce serait pour la comtesse ! murmura Mme Dorcourt ; pourvu qu'il ne soit pas mort!...

Il y a des moments où une seule parole met une âme à nu.

— Je parierais qu'il est vivant, mais qu'on le tient quelque part enfermé sous quelque prétexte, à moins que Mme de Prévalon ne l'ait fait empoisonner aussi.

— Elle en est bien capable, dit Mme Dorcourt qui commençait à entrer dans les idées criminelles évoquées par l'imagination féconde de Mme Beautier.

— Ce Julien en sait long sans doute, reprit Mme Dorcourt; si on pouvait le faire parler.

— On peut essayer, lui dire qu'on n'a pas oublié ses cachoteries avec la dame du Soleil-d'Or, et voir un peu la mine qu'il fera. Il a des parents au bourg; il y viendra, se figurant qu'on a oublié ces vieilles histoires. Le tout est de savoir s'y prendre. Non, je ne saurais vous dire, Augustine, tout ce que j'ai appris par ma manière adroite de questionner. Qui est-ce qui a découvert que Louis Dartel avait vendu une ferme sans doute pour payer ses dettes au jeu? moi! Qui a su pourquoi la femme du bedeau ne pouvait souffrir sa belle-fille? moi! Qui a découvert que ce petit carabin qui est venu couper l'herbe sous le pied à Beautier et qui se prétendait le fils d'un magistrat n'est que le fils d'un mauvais petit greffier? moi!

— Alors, Mélanie, c'est bien dommage que vous n'arrachiez pas son secret à M. Beautier.

— Je lui arracherais plus vite les yeux, je crois.... Mais voilà Laurence qui appelle sa fille, tout le monde se lève ; allons-nous-en.

— Ce n'était pas à elle à donner le signal du départ, dit Mme Dorcourt d'un ton piqué ; mais enfin à Prévalon elle se sent en pied. Si Auguste ne m'avait pas déclaré qu'il reviendrait avec ses camarades, je resterais après elle, ne fût-ce que pour lui montrer que je ne recevrai jamais d'elle des leçons de civilité.

Sur cette dernière résistance, Mme Dorcourt se leva majestueusement et alla se mêler au groupe partant. Son satellite la suivit en se barbouillant le nez de tabac et en jetant des yeux louches sur le château pour voir si elle n'apercevait pas celui sur lequel sa manière adroite de questionner devait s'exercer sans retard. Après un quart d'heure de conversation générale dans la grande salle de Prévalon, les habitants des environs remontèrent qui en voiture, qui à cheval, et les Prévalonnais reprirent le chemin du bourg. Ils marchaient par groupes bavards. Claire et Joseph seuls ne disaient rien ; leur plaisir ne s'épanchait pas, il se recueillait. Mme Beautier n'ayant pris aucune précaution pour le retour, ses filles s'en allaient en cheveux, les bras nus et le cou découvert. Laurence avait charitablement abrité Lucie sous son châle, mais Claire avait dit qu'elle ne se sentait pas froid, et elle marchait légèrement derrière Joseph. Vue d'un peu loin sous les grands arbres au feuillage noirci avec sa robe blanche et sa chevelure blonde parsemée de bleuets, on l'aurait prise pour une hamadryade qui, se croyant invisible, avait eu la fantaisie de se mêler pour un instant à ce groupe de promeneurs nocturnes. Elle marchait la tête haute contre son habitude, regardant le ciel lumineux, où çà et là paraissaient de brillantes petites étoiles.

— La nymphe de Prévalon paraît aimer les astres, s'écria tout à coup Auguste Dorcourt en riant.

— Et Joseph a du goût pour les étoiles, ajouta une voix qui partit de dessous le châle, sous les plis duquel s'abritaient les têtes de Laurence et de Lucie.

Et cela mena M. Dorcourt à parler d'astronomie, à prouver que Joseph et Claire n'avaient pas tort d'aimer une science utile. Il cherchait la grande ourse quand ils débouchèrent dans le bourg. La chaleur avait été grande, et on respirait aux portes. Les hommes fumaient en causant; les femmes, assises partout, devisaient; les enfants roulaient sur le sol tiède ou jouaient par bandes. Mme Beautier et Mme Dorcourt se séparèrent à la porte de cette dernière, après un dernier et mystérieux chuchotement.

Un quart d'heure plus tard, Mélanie reparaissait dans la place du bourg dans son costume du matin, et allait de porte en porte causant un peu de tout, selon son habitude. Après avoir louvoyé quelque temps, elle s'amarra à la porte du Caporal, qui fumait gravement sa pipe devant son échoppe fermée. Jérôme Villeandré vint à passer.

— Que diable faites-vous là à cette heure-ci, madame Beautier? fit-il.

— Je prends l'air, répondit Mme Beautier.

— Mais il me semble que vous en avez, de l'air, là-haut, dans votre pigeonnier? reprit-il en ricanant.

— Que trop, soupira Mélanie ; mais ajouta-t-elle en se penchant vivement en avant, quel est cet homme qui vient vers nous?

— Vous le connaissez mieux que moi, madame, dit flegmatiquement le cordonnier, c'est M. Beautier.

— Vraiment oui, et j'ai cru que c'était... Dites donc, Caporal, y a-t-il longtemps que vous n'avez vu votre cousin Julien, l'ancien valet de chambre du défunt comte de Prévalon?

Au nom de Julien, Jérôme Villeandré, qui s'éloignait lentement, tressaillit, et revenant sur ses pas, prêta avidement l'oreille.

— Les uns disent qu'il est mort, les autres qu'il demeure à Paris, répondit indifféremment le vieux soldat. Quant à moi, je ne m'en soucie pas plus que d'une vieille semelle, puisqu'il a déserté le pays.

— Je sais, moi, qu'il n'est pas mort, reprit vivement Mme Beautier ; cette après midi il était au château, mais je l'ai à peine vu. Si, comme je le pense, il vient vous voir, Caporal, faites-le-moi dire ; je serais très-aise de le revoir, ce vieux Julien. C'était un bien brave homme du temps qu'il habitait Prévalon, et sa mère a nourri Beautier. Vous ne manquerez pas de m'avertir, Caporal ? Bonsoir !

Et Mme Beautier rejoignit son époux, dont les yeux myopes fouillaient tous les groupes où elle n'était pas.

Jérôme Villeandré, qui n'avait pas perdu une syllabe de ce dialogue, s'éloigna à son tour en se frottant les mains.

— Fameuse nouvelle ! murmurait-il ; ah ! pour le coup je la tiens.

Et dans l'ombre sa figure tannée se revêtait d'une expression de joie vraiment diabolique.

Le lendemain matin, à l'heure où Joseph, fatigué de l'exercice violent de la veille, dansait par bonds et de souvenir dans son lit au son d'un biniou imaginaire, son tuteur plongeait sa perruque rousse dans la brume matinale et montait une sorte de faction au coin de la place où apparaissait la botte emblématique qui servait d'enseigne au chef de la garde nationale prévalonnaise. Cette humble maison était aussi l'objet d'une inspection soutenue de la part de la fière Mme Dorcourt, qui n'en était pas éloignée, et dont on voyait fréquemment contre les vitres le visage roussâtre encadré de basin festonné ; enfin Mélanie Beautier, les tempes ornées sous son chapeau de ses papillotes en papier gris, fit son apparition dans la place comme sonnait le premier coup de l'*Angelus*. Quelle robuste discrétion il eut fallut à ce pauvre homme pour résister à cette attaque! De quelle façon eût-il pu s'y prendre pour éviter d'être accroché par le triple grappin suspendu sur sa tête ! Voilà ce qu'aurait pensé une personne admise à deviner le but des petites manœuvres auxquelles se livraient nos trois Prévalonnais.

Un cabriolet, qui arrivait par la route de D***, fut le premier objet qui attira sérieusement leur attention. Mme Dorcourt entr'ouvrit sa fenêtre ; Jérôme Villeandré se mit en marche, mais il fut prévenu par l'agile Mme Beautier, à laquelle la curiosité donnait des ailes, et qui avait tout de suite reconnu une voiture du château. Le domestique, obéissant aux signes télégraphiques que Mme Beautier lui faisait avec les deux mains, et Jérôme Villeandré avec sa canne, arrêta son cheval.

Mélanie, tout essouflée, lui demanda des nouvelles de ces dames, cela était son prétexte. Le domestique ayant répondu qu'elles étaient bien, elle s'informa de Julien, que sa famille prévalonnaise était étonnée de ne pas avoir vu. Elle apprit avec dépit que c'était lui qu'on venait de reconduire à D***.

— Ah! mon Dieu! et où va-t-il de là? s'écria-t-elle voulant au moins apprendre quelque chose de nouveau.

— A Saint-Brieuc, où il demeure, je crois, madame, répondit le domestique en lançant un coup de fouet à son cheval.

En se détournant, Mme Beautier se trouva nez à nez avec Jérôme Villeandré.

— Eh bien! ce Julien? demanda-t-il avec un empressement mal dissimulé.

— Il est parti.

L'avare en blêmit de désappointement.

— Oh! c'est impossible! c'est impossible! dit-il.

— Mais vous teniez donc bien à le voir, Jérôme? demanda Mme Beautier finement.

— Moi? pas du tout; ce n'est pas comme vous, qui paraissiez avoir un si grand désir de ne pas le manquer.

— Désir de Prévalonnaise, pas autre chose. Nous autres Prévalonnais de la vieille roche, nous ne sommes pas de ces gens qui oublient ceux qui ont été baptisés dans la même église qu'eux. Que voulez-vous, d'ailleurs, qu'il pût dire qui dût m'intéresser si fort?

— Oh rien! oh rien! les femmes, on le sait, et les Prévalonnaises surtout, sont curieuses pour le seul plaisir de l'être.

— Le Caporal va être furieux, reprit Mme Beautier; il irait maintenant à Saint-Brieuc qu'il ne chercherait pas à voir son cousin, j'en suis sûre.

Jérôme, qui se grattait la tempe gauche d'un air terriblement désappointé, se tourna vers elle.

— Ah! voilà ce que vous ne savez pas, dit Mme Beautier, heureuse d'avoir du nouveau à apprendre, et se laissant aller sans méfiance à ce bonheur qui est une des multiples et très douces jouissances de la curiosité. Les uns disaient qu'il était mort, d'autres qu'il habitait Paris ou Londres, il est tout bonnement à une quinzaine de lieues d'ici; cela n'est-il pas drôle, Jérôme?

— Cela arrive souvent, répondit l'avare dont la figure s'éclaira soudain. Vous avez connu le père Boisselet, n'est-ce pas?

— Sans doute.

— Eh bien! que de fois il lui arrivait de se mettre

en colère parce qu'il ne trouvait pas ses lunettes. Vous rappelez-vous ce jour où il jeta tout un cabaret de porcelaine pour les chercher, et vous rappelez-vous où elles se trouvèrent?

— Non. Où, Jérôme?

— Sur son nez.

— Comment, sur son propre nez? s'écria Mme Beautier.

— Ordinairement on ne se charge pas du nez d'autrui, reprit Jérôme avec un petit ricanement, surtout quand il est devenu un pot à tabac. Je ne dis pas cela pour vous, ma chère, ne me lancez pas comme cela vos yeux à la tête, allez plutôt raconter cette histoire de nez à Mme Dorcourt qui s'applatit le sien contre ses vitres, elle a l'air de vous attendre avec impatience. Sans rancune, madame Beautier, vous êtes une femme précieuse, très-précieuse...

VII

Les semaines qui suivirent furent marquées en blanc dans le calendrier de la jeunesse prévalonnaise. Les fêtes se succédaient au château, et les voisins, ne voulant pas demeurer en reste, faisaient pleuvoir les invitations. Joseph, sous le couvert de la bienveillance spéciale de la vicomtesse Alix, allait partout et se sentait pris d'un vertige de coquetterie. Malheureusement son tuteur n'entendait pas raison, et, comme il hochait la tête d'une assez mauvaise façon quand il apprenait qu'il y avait de nouvelles réunions, le jeune homme n'insistait pas de peur de provoquer des mesures de répression dont la seule pensée lui donnait le frisson. Tout le monde cependant faisait peau neuve autour de lui. Émile Beautier lui-même avait paru au dernier bal en habit; la petite nymphe prévalonnaise portait toujours sa même robe blanche un peu courte, mais un nœud de ruban, une fleur, suffisaient pour l'embellir.

Joseph osait à peine passer une modeste violette à la boutonnière de sa redingote, dont le revers montrait la corde et qu'on n'osait plus confier aux mains inhabiles du couturier de Prévalon. Catherine, le voyant si tourmenté, se tourmentait, et un jour elle partit pour D... à pied, un paquet sous le bras.

Elle ne revint que tard. Joseph se livrait dans sa mansarde à la recherche de sa redingote d'habillé dont il venait de constater la disparition. Dick l'aidait dans ses recherches, et s'introduisait avec lui dans les plus sombres recoins de la garde-robe parfumée au rat.

Un appel de Catherine les fit sortir tous les deux de ces ténèbres. Catherine essoufflée s'était assise sur une chaise, un énorme paquet sur ses genoux.

— Ah! dit-elle en souriant, je sais bien ce que tu cherches, Joseph, on t'a volé la redingote, n'est-ce pas? Le larron, mon enfant, c'est moi.

Elle dénoua le paquet, et Joseph poussa un grand cri de joie. Elle étalait devant lui sa redingote remise à neuf, parée d'un brillant collet de velours et d'une belle garniture de boutons satinés. Plus de taches, plus de corde, plus de vides. Il la palpait, la retournait, la caressait, il était bien heureux. Qui donc dans sa vie n'a pas pour ces petits bonheurs cachés, pour ces riens de félicité, senti d'immenses effusions de joie qu'on ne retrouve pas toujours plus tard dans leur plénitude pour goûter un bonheur qui paraît plus réel ! Heureux âge que celui-là, où les chagrins ont des ailes pour fuir et les jouissances des ailes pour arriver ! Heureuse simplicité qui s'accommode de tout ce qui se présente d'heureux, sans en peser la valeur !

A l'habit se joignaient une cravate et un col choisis un peu au hasard par la brave Catherine, mais qui paraissaient d'une élégance suprême auprès de leurs devanciers. Le lendemain matin, Joseph composait sa toilette de l'après-midi, sans se douter de l'orage qui allait éclater sur sa tête. Claire Beautier avertie par Catherine était venue jouir par anticipation de l'effet que produisait l'ingénieux arrangement exécuté par le tailleur de la ville. Ses éloges avaient mis le comble à la satisfaction de Joseph, et il s'abandonnait aux riantes pensées que faisait naître chez lui la seule vue du collet de velours, quand plusieurs coups frappés d'en bas au plancher de sa chambre l'arrachèrent à ses agréables rêveries. La chambre de son oncle était au-dessous de la sienne, et c'était sa façon d'appeler. Il donnait un coup de canne sur son plancher pour Catherine et Kolaz, un coup de canne à son plafond pour Joseph. Ce coup causait toujours une impression désagréable au jeune homme. Chaque fois que son tuteur l'appelait en entretien particulier, c'était toujours pour lui adresser une sèche réprimande ou lui signifier un ordre qui tendait à entraver sa liberté de promenade, le seul bonheur dont il jouît pleinement. Tout agité de noirs pressentiments il descendit. Le vaste appartement où il entrait servait de chambre à coucher et de cabinet particulier à Jérôme Villeandré. Un vieux lit clos occupait un des angles, une table était placée auprès de la fenêtre, et une demi-douzaine de chaises communes complétait l'ameublement. Tout cela était gris de poussière, on n'entrait guère dans cette chambre, et l'actif balai de Catherine ne s'y promenait qu'une fois par an. L'avare était assis devant sa table dans son costume du matin. Un sale bonnet de coton lui couvrait jusqu'aux oreilles sa tête chauve sans perruque, et il avait sur le dos une vieille houppelande, toute semée de déchirures béantes et dont le collet pourri reluisait de crasse. Le dernier mendiant de Prévalon n'aurait pas échangé sa mauvaise veste de futaine contre cet affreux vêtement qui tombait en lambeaux.

Jérôme Villeandré tenait à la main une lettre dépliée. Quand son neveu entra, il leva les yeux sur lui, et rien qu'à l'expression ironique de son regard, Joseph comprit que la nouvelle qu'on allait lui annoncer serait désagréable.

— Voilà, il me semble, six semaines que tu es de retour à Prévalon, commença-t-il.

— Six semaines moins quelques jours, oui, mon oncle.

— C'est un joli laps de temps passé à ne rien faire, et, pour peu que cela eût duré, tu prenais, en véritable Villeandré, goût à la paresse. Mauvais goût que celui-là, goût ruineux, entends-tu ? Heureusement que cela va cesser. Voici une lettre de l'un de mes confrères de Saint-Brieuc. Il consent à te prendre comme troisième clerc. La position n'est pas brillante ni très-avantageuse, mais cela te formera. Tous les arrangements sont pris pour ta pension, pour ton logement, c'est cher, très-cher, mais il faut bien en passer par là. Tu vas faire ton paquet, je t'écrirai les adresses et tu partiras tantôt pour D... afin de te mettre à la besogne dès demain.

Joseph, les deux mains sur le dossier d'une chaise, avait écouté avec stupéfaction. Partir maintenant de Prévalon, quitter sa campagne radieuse, ses amusantes parties pour aller pâlir sur des paperasses au fond d'une étude, ah! c'était une rude chute. Cette nouvelle, qu'il aurait accueillie avec indifférence à son arrivée chez son tuteur, soulevait maintenant en lui un sentiment de révolte et de regret.

Il voulut balbutier une réclamation, demander un sursis.

Jérôme lui lança un regard moqueur.

— Je sais bien, dit-il, qu'il est plus agréable de danser sur les pelouses de Prévalon que de copier des minutes ; mais chaque chose a son temps. Jeunes fous et belles dames ne sont pas une compagnie saine pour un pauvre apprenti notaire de campagne, et je n'entends pas retarder ton départ d'une heure.

Ces mots prononcés d'un ton catégorique ôtèrent tout espoir à Joseph, et il se dirigeait silencieux vers la porte quand son oncle le rappela.

— Écoute avec attention ce que je vais te dire, reprit-il. Quand tu seras établi à Saint-Brieuc, que tu connaîtras bien la ville, tu tâcheras de découvrir où loge un individu appelé Julien Cosson. C'est un vieux, passablement ivrogne, et sur lequel je n'ai pu encore mettre la main. Il y a tout au plus un an qu'il habite Saint-Brieuc, mais il y habite, et je ne sais pas comment cela se fait, toutes mes recherches ont été inutiles. Je te donnerai d'autres renseignements, et tu le chercheras, hein ! et tu n'en parleras à qui que ce soit.

— Oui, mon oncle.

— C'est bien, va-t-en. J'irai peut-être te conduire jusqu'à D...

Joseph entendit à peine cette parole généreuse, que sa docilité avait provoquée. Il s'était hâté de sortir pour aller auprès de Catherine épancher le trop plein de sa soudaine douleur. Catherine fut saisie par cette nouvelle. Elle s'était plusieurs fois demandé avec angoisse ce qu'elle deviendrait si Joseph, c'est-à-dire le plaisir de ses yeux et la joie de son cœur, quittait cette triste demeure que sa présence avait le pouvoir d'embellir.

Les bras croisés sur la spatule noircie avec laquelle elle tournait et retournait sur la poêle entourée de flammes les crêpes de blé noir qui devaient composer le dîner ce jour-là, elle écouta le lamentable récit que lui fit Joseph. Elle en oublia même la crêpe dont les bords dorés se gauffraient, mais Kolaz qui devait la manger la tourna lestement avec ses doigts, et, cela fait, il se joignit aux hélas! que poussait Catherine. Joseph, après avoir refusé par un mélancolique hochement de tête la crêpe fumante que Kolaz lui tendait comme un fortifiant dans son chagrin, les laissa tous les deux, Kolaz mangeant d'un air triste, mais mangeant beaucoup, et Catherine mêlant de grosses larmes à la pâte liquide.

Il allait en courant dire adieu au Chêne. Charles et Paul lui prêchèrent imprudemment une révolte impossible, M. et Mme Dartel lui démontrèrent que la mesure en soi n'avait rien que de très-sensé et de très-avantageux pour lui, et firent briller à ses yeux l'espoir de sa prochaine liberté ; Laurence ne pleura pas comme Catherine, à chaudes larmes, mais quelque chose ternit la limpidité de ses yeux bruns, quand Joseph l'embrassa avec un des plus gros soupirs qui fussent sortis de sa poitrine. En revenant du Chêne, il passa chez les Beautier. Il échappa à Émile qui voulait lui lire une tragédie en six actes et en vers, il effleura Lucie qui se mangeait les ongles à la porte de la cuisine, et il alla chercher Claire qui s'était réfugiée dans un des appartements intérieurs. Elle était occupée à donner un dernier coup de repassage à sa robe de cérémonie, et, bien que cette occupation n'eût rien qui dût l'ennuyer, l'expression de son visage était triste, si triste que, de part et d'autre, en se regardant, ils se demandèrent.

— Qu'as-tu ?

Joseph répondit le premier. Claire ne parut pas aussi affectée que Laurence, mais elle plaça le fer qu'elle tenait sur sa grille, l'ouvrit, et prenant des pincettes elle se mit à plonger les charbons enflammés dans l'eau.

— Mais ta robe n'est pas finie? dit Joseph que cette opération surprit.

— Elle m'est désormais inutile, répondit Claire, je n'irai plus à Prévalon puisque tu pars. Nous étions, tu le sais bien, un peu timides, un peu sauvages, un peu mal mis tous les deux : maintenant je serai seule, et j'aime mieux n'y pas aller.

Et elle ajouta, en appuyant sa tête sur sa main :

— Il y a longtemps que je me raisonne là-dessus, d'ailleurs, reprit-elle en regardant Joseph de ses grands yeux mélancoliques ; si tu savais comme je suis triste après ces parties de plaisir. Et puis, tous les jours notre position s'aggrave. Mon pauvre père se ronge l'âme, ma mère se lamente, et on ne remédie à rien. Papa, que ses embarras d'argent tourmentent tant, ne songe maintenant qu'à faire bâtir un pavillon au bout du jardin, ce qui met maman en fureur. Ce matin il est venu un homme dont la vue m'a fait mal, il a tiré des papiers timbrés de sa poche, et, quand mon père les a pris, ses mains tremblaient. Maman, Lucie et Émile oublient tout cela et vont quand même à ce qui les amuse; pour moi, je me sens si malheureuse et si triste, que toute la journée j'en ai le cœur serré. Aussi c'est fini, je n'irai plus nulle part, et Lucie n'en sera pas fâchée, car je lui prêterai la guirlande de bleuets que Laurence m'a donnée.

Ils confondirent ainsi fraternellement leurs tristesses, et Joseph retourna chez son oncle pour s'occuper de ses bagages. Il trouva la maison sens dessus dessous. Kolaz furetait partout, Catherine dérangeait les meubles, et Jérôme Villeandré, dans son costume d'après-midi, mais le chef, orné du bonnet de coton du matin, se livrait lui-même à des recherches actives. Sa perruque avait disparu, il ne la retrouvait plus dans sa chambre. Il accusait Catherine de l'avoir portée quelque part par mégarde, Catherine murmurait entre ses dents qu'elle était tombée dans quelque trou sans qu'il s'en aperçut, Kolaz riait silencieusement.

Joseph resta insensible aux plaintes qu'exhalait l'avare et monta dans sa mansarde. Il jeta un coup d'œil sur sa toilette prête, c'était l'heure où il aurait dû la revêtir. A cette pensée accablante, il alla s'appuyer mélancoliquement sur le rebord de sa fenêtre. Il regarda chez ses voisines ; le rouet et les aiguilles étaient comme toujours en mouvement. Dans le regard d'adieu qu'il jeta à ces figures mornes et pourtant amies, il y avait l'ombre d'un regret. Au moment de voir disparaître ce tableau monotone, il se sentait prêt à lui trouver un certain charme. Et puis, un autre objet attira soudain son attention et fit naître en son esprit une pensée presque consolante. Dick jouait dans le chemin, et il se dit que maintenant du moins il oserait aimer publiquement ce pauvre chien, qu'il serait délivré de toute crainte à son égard, qu'il se permettrait de le placer au pied de son lit sans l'étouffer sous des couvertures, qu'il pourrait accueillir ses caresses et se glorifier de sa fidélité qui ne serait plus un danger. En s'offrant à lui-même ces légères consolations, il suivait de l'œil les évolutions du chien. Elles étaient assez bizarres. Quelque chose traînait sur le chemin poudreux, et ce quelque chose l'occupait très fort. Il le saisissait parfois dans sa gueule et le portait gravement à quelques pas, et puis se jetant dessus avec rage il le mordillait, le jetait en l'air, le secouait avec une telle force que la poussière soulevée en tourbillon le dérobait momentanément au regard. Joseph suivait cela machinalement des yeux, quand un éclat de rire poussé du chemin lui fit avancer la tête. Dick était tombé en arrêt devant cette boule de poussière, et puis il avait fondu dessus, l'avait prise entre ses dents, et il l'avait si bien secouée, que le gros de la poussière s'en détachant on put reconnaître la nature de l'objet : c'était la perruque rousse, horriblement emmêlée et salie de Jérôme Villeandré. Kolaz, qui avait fait le premier la découverte, riait comme un fou, le dos appuyé contre la maison de son maître.

Un appel furieux que ce dernier lui lança par la fenêtre vint le rappeler à l'ordre; il courut au chien et voulut lui prendre la perruque, mais Dick tenait bon, et, ils disparurent au regard de Joseph l'un pourchassant l'autre. Il pensa qu'il n'avait plus à s'en occuper, et, comme il n'avait aucune envie de reparaître devant son oncle avant que la perruque eût été restituée à son propriétaire, il se décida à faire son paquet. L'opération ne dura pas longtemps, et il alla rejoindre Catherine. La pauvre fille avait les yeux rouges et demeurait inactive, ne pouvant prendre son parti de ce départ subit; Kolaz, que rien n'attristait longtemps, s'amusait à prendre des mouches qu'il jetait ensuite en pâture à une poulette grise qui courait dans la cuisine.

— C'était bien Dick le voleur? demanda Joseph à Kolaz.

— Oui, monsieur, c'est ce matin qu'il a fait ce beau coup, il paraît.

Joseph se rappela qu'en effet le matin, dans son trouble, il avait laissé la porte de la chambre de son oncle ouverte.

— Et mon oncle? demanda encore Joseph.

— Il n'a pas dit grand'chose, mais il avait une figure! J'étais bien fâché que Dick fût allé se cacher dans l'écurie, là où on pouvait si facilement l'attraper.

En ce moment la porte de la cour se rouvrit, et Jérôme

Villeandré parut coiffé de sa perruque fortement endommagée, dont les poils roux soupoudrés de poussière se redressaient encore en tous sens. Il ne prononça pas une parole et monta dans son cabinet.

— Ce ne serait pas moi qui aurais mis mes dents là-dedans, murmura Kolaz en riant et en montrant des dents aussi aiguës et aussi blanches que celles de Dick.

— L'a-t-il battu, Kolaz ? demanda Joseph qui ne pensait qu'à son chien.

— Non, monsieur, quelques coups de pied seulement, et cela m'a bien étonné, vu la malice qu'il y avait sur sa figure.

— Oui, mais depuis, reprit Joseph en s'approchant de la fenêtre.

Et l'ouvrant, il fit entendre un sifflement d'appel doux et prolongé, un appel d'ami à un ami malheureux.

Rien n'y répondit.

Il se pencha avec inquiétude au dehors, et puis se rejeta violemment en arrière en jetant un cri de douleur.

Vis-à-vis de l'écurie où jeûnait la vieille Mignonne, il y avait un de ces chênes tortueux et rabougris comme il en pousse sur les fossés, et à une des branches inférieures de ce chêne pendait le pauvre Dick, ou plutôt son cadavre. Catherine et Kolaz jetèrent simultanément un cri perçant à cette vue, et puis Catherine se leva dans un état d'exaspération difficile à décrire et quitta la cuisine.

Joseph, qui retenait avec peine les larmes qui s'amassaient sous ses paupières, fit signe à Kolaz de le suivre. Ils sortirent et se dirigèrent vers l'arbre fatal. La corde fut coupée, et Joseph, plaçant Dick sur ses genoux, essaya en vain de découvrir quelques symptômes de vie.

Il était bien mort, lui si bondissant, si jeune, si plein de vie, il n'y avait qu'un instant. Pendant que Kolaz, armé d'une pelle, allait creuser sa tombe au coin le plus éloigné du jardin, sous le hêtre touffu au pied duquel Joseph aimait à s'asseoir le matin, Dick couché dans l'herbe tout près de lui, le jeune homme garda sur ses genoux le cadavre de cet ami, qui devait seul, entre tous ses amis prévalonnais, partager cette vie nouvelle dont l'inconnu l'attristait et faisait peur à son inexpérience. Et pendant que sa main effleurait doucement cette tête caressante qui se posait avec tant d'affectueux abandon sur son genou, il laissait couler, sans s'en apercevoir, les pleurs qui gonflaient sa paupière. Fallait-il qu'avec ses joies et ses amitiés il laissa à Prévalon cet humble ami, ce compagnon inséparable qui l'avait empêché de sentir aussi vivement l'isolement auquel pauvre orphelin il était condamné !

Cette pensée était amère, et il se laissait aller à pleurer son chien. Le cœur est toujours pris quelque part, et, quand un lien quel qu'il soit se brise, il en souffre.

Après avoir déposé Dick dans la tombe creusée par Kolaz et l'avoir recouverte de gazon, ils rentrèrent dans la maison. Catherine et Jérôme Villeandré se tenaient debout l'un vis-à-vis de l'autre dans une attitude pleine d'agression.

La valise de Joseph flanquée de deux gros paquets était placée sur la table, et il remarqua que Catherine avait une coiffe blanche, un tablier et un châle, c'est-à-dire une toilette de promenade plutôt que de maison.

— Je crois qu'il est temps que tu partes, dit durement Jérôme, le voiturier ne t'attendra pas.

Il prit dans sa poche un papier et lui donna.

— Voilà des adresses et mes instructions, reprit-il. Bon voyage.

En ce moment un homme se présenta.

— Vous m'avez appelé, Catherine ? dit-il.

— Oui, portez ces paquets chez ma tante, la vieille Fanchon, la diseuse de prières, vous savez bien, la maison contre le presbytère.

— Ainsi, vous partez, c'est bien décidé? demanda l'avare.

— Oui M. Joseph et moi nous partons ensemble.

— Eh bien! bon voyage aussi, que le diable vous emporte tous les deux, dit violemment l'aimable homme.

— Le diable! s'écria Catherine avec emportement et en se signant, tu lui appartiens déjà, vieux démon, vieil avaricieux, vieux traître, et nous ne le craignons pas, nous, entends-tu? Viens, Joseph.

Et saisissant la valise, elle sortit suivie par Joseph.

Le visage de Jérôme Villeandré, qui s'était horriblement contracté, reprit soudain son expression froidement ironique. Il leva les épaules, et il appela d'un geste Kolaz que Joseph venait d'embrasser fraternellement derrière la porte, et qui le regardait s'éloigner avec un sentiment de regret qu'il n'avait jamais éprouvé.

— Ecoute, dit-il, je pense que tu pourras remplacer cette vieille folle, et je ne veux plus de ces insolentes femelles dans ma maison. Sa nourriture me coûtait bien dix francs par mois, une grosse somme, je te les donnerai si je suis content de toi.

Pour un vagabond qui s'estimait heureux d'avoir le vivre et le couvert, cette proposition était de nature à donner des éblouissements.

Cependant Kolaz, dans le premier moment de sa surprise, pensa à son indignité devant ce titre de chef qu'il allait accepter.

— Mais monsieur, dit-il, je ne sais pas boulanger?

— On achètera du pain.

— Mais je ne saurai peut-être pas faire la bouillie ni les galettes.

— Tu essaieras, et puis on mangera de la soupe, et je vendrai tous ces ustensiles inutiles que cette dépensière m'avait fait acheter. Elle me ruinait, la coquine, tout était mis à cuire et à bouillir, surtout depuis l'arrivée de mon beau neveu. Il lui fallait du bois, comme si l'ajonc et la tourbe ne chauffent pas aussi bien le fond de la marmite et moins chèrement. Il reste bien un demi-cent de fagots, n'est-ce pas? n'y touche plus, entends-tu? je le vendrai au fournier, et l'hiver on ne se chauffera plus ici, ou bien nous verrons.

Sur cette dernière parole il quitta Kolaz que ce nouveau et effrayant système d'économie n'émouvait pas le moins du monde. Il se promettait de ne pas diminuer d'une once de pain son écuellée de soupe, et en définitive, son maître, malgré sa bonne volonté, n'en viendrait jamais à manger des pierres.

Quant à ce foyer éteint dont on lui présentait la perspective, que lui importait? tous les petits foyers de

Prévalon étaient à sa disposition, et il avait en plus le four banal, où il allait se rôtir régulièrement deux fois par jour, si cela lui plaisait, et l'âtre hospitalier du Chêne, où, par la gracieuse protection de Laurence, il pouvait faire de longues pauses sans être traité d'importun.

Pendant la conclusion de ce traité, Catherine et Joseph se dirigeaient vers le logis du voiturier.

— Seigneur ! que j'ai le cœur soulagé d'avoir eu enfin le courage de sortir de cette vilaine maison ! avait d'abord exclamé Catherine en se détournant pour lui jeter un dernier regard d'aversion.

Et puis elle s'était mise à expliquer à Joseph comment elle serait, en définitive, moins séparée d'eux qu'auparavant. Tous les jours de marché, elle irait embrasser Titine ; Joseph, libre de par la loi, reviendrait le plus souvent possible chez ses parents de Prévalon, chez lesquels Catherine prendrait l'habitude d'aller en journée.

Le tout se couronnait par le mariage de Joseph, évènement qui ramenait pour jamais Catherine sous le toit d'un Villeandré. Ce couronnement arracha un sourire au triste Joseph, au moment même où il montait dans le char-à-bancs qui allait l'emporter pour un temps indéterminé loin de Prévalon, et ce sourire parut d'un si bon augure à Catherine que, essuyant avec son tablier ses dernières larmes, elle arriva presque souriante chez sa tante, la diseuse de prières, avec laquelle elle allait demeurer, et lui dit:

— Encore un départ, mais le dernier, voyez-vous. Le voilà un homme à présent, et, quand la justice lui aura rendu son bien, il amènera une bonne petite femme à Prévalon, je ne le quitterai plus, et comme ça j'aurai tenu la promesse que j'ai faite à sa pauvre mère défunte.

VIII

Lecteur, jetez avec moi, je vous prie, un regard vers le passé ; que ce regard de l'esprit plonge dans les ténèbres de treize siècles : voyez-vous s'avancer sur les flots de la mer qui baigne les côtes de l'Armorique un navire monté par une centaine d'hommes au visage austère, au regard inspiré, au costume étrange.

Ils abordent. Ces hommes sont des apôtres ; en eux et par eux le christianisme pose le pied sur la Bretagne Armorique, terre encore païenne, et qui, plus tard, méritera le nom de catholique. Ces moines ne ressemblent pas à ces vainqueurs du sabre, qui n'enfoncent leurs griffes dans un sol étranger que pour en faire leur proie ; ce sont des missionnaires de paix qui, dans le sol de granit, vont planter la croix à une telle profondeur, qu'après les siècles écoulés qui auront tout renversé, tout changé, tout détruit, tout réédifié autour d'elle, elle se dressera debout, sacrée, triomphante, indestructible.

Les apôtres étaient conduits par Brieuc. Ce saint, dont il est intéressant de lire la vie racontée dans le style naïf des vieux conteurs, venait de la Grande-Bretagne. Tout avait été miraculeux dans son enfance et sa jeunesse. Un ange, avant sa naissance, avait fait connaître à Eldruda, sa mère, que le fils qu'elle portait dans ses flancs serait chéri de Dieu et éclairerait son pays de la foi de Jésus-Christ. Sa précoce sagesse surprenait plus tard tout le monde, on était étonné de voir « mœurs si graves en si tendre jeunesse et en si jeune corps, esprit vieillard, lent et rassis. Étant garçon il fuyait les esbats, jeux, devis et légèretez de son âge. »

L'ange qui avait révélé qu'il porterait le nom de Brieuc dut intervenir près de Cerpus, son père, pour qu'il laissât le jeune homme devenir le disciple de saint Germain d'Auxerre. Sa sainteté, l'austérité de sa vie, son détachement des biens temporels et sa charité, déterminèrent le saint évêque à lui conférer la dignité du sacerdoce. A peine ordonné prêtre il se transporta « en un hâvre où il trouva des nautonniers d'un vaisseau de son païs. »

Dans la Grande-Bretagne commença donc son apostolat appuyé par l'autorité de ses miracles. Ce vaste champ défriché, labouré, ensemencé, le saint eut une vision. Dieu lui commandait d'aller évangéliser la Bretagne Armorique, il obéit sans hésiter, il part, et voilà qu'un monastère s'élève auprès de Land-Tréguer.

Mais ce n'était pas assez pour le zèle de Brieuc. Ce premier établissement fondé, il prend quatre-vingt-quatre de ses moines, se remet en mer et va s'arrêter à l'embouchure de la rivière du Sang, le Gouët. Ils débarquent tous, s'avancent dans les profondeurs d'une forêt, et, trouvant le lieu agréable, s'asseyent autour d'une fontaine. Mais ce terrain appartient à un païen, le comte Rigwal. Nous n'entrerons pas dans le détail de la lutte de celui-ci avec le saint qu'il reconnaît pour son parent. Qu'il nous suffise de savoir qu'il finit par abandonner à Brieuc son manoir et ses appartenances. Le saint commença par bâtir un oratoire auprès de la fontaine où il avait pris son premier repos, et il continua ses prédications. La forêt se peupla, puis elle fut abattue, et la ville de Saint-Brieuc naquit.

C'était dans cette ville, devenue avec le temps le chef-lieu du département des Côtes-du-Nord, que l'an de grâce 1850 Joseph Villeandré faisait son entrée. Ce n'était pas, tant s'en fallait, une entrée triomphale. Sa bourse était si plate en partant de D***, qu'il s'était décidé à entrer en arrangement avec un boucher de Saint-Brieuc, qui lui offrait de lui faire faire dix lieues dans son char à bancs pour soixante-quinze centimes.

Il était parti à quatre heures du matin et il arrivait dans une carriole suspendue, dont la partie inférieure était remplie de veaux qui tournaient mélancoliquement vers lui de gros yeux prêts, à chaque cahot, à s'échapper de leur orbite. A mesure qu'ils approchaient de Saint-Brieuc la route devenait plus fréquentée. C'était jour de grande foire, et chaque rue débouchant dans la campagne était devenue un canal, amenant dans l'intérieur de la ville un flot humain, et charriant en même temps que des véhicules de tout genre, des animaux de toutes les espèces.

Sur les places des marchés respectifs cette population

se confondait ; mais, à l'arrivée, quelle différence de costumes et même de langage. Ici, des Lamballaises qui, sous les bords étroits et retroussés de leur coiffe coquette, montrent des teints éclatants et des yeux vifs ; des hommes coiffés du large chapeau à chenilles multicolores, vêtus de la veste aux larges pans, brillamment ornée de boutons de métal ; là, les filles d'Uzel, dont un petit capot couvre à peine le lourd chignon, les jeunes portant sur leurs épaules, généralement hautes, un châle aux couleurs vives dont les plis écartés laissent voir le cou et dont la pointe touche au bas de la taille ; les vieilles s'enveloppant dans le manteau au collet tailladé. Voici la population de la côte à la démarche vive, proprement ou élégamment vêtue, voilà les solides gars de l'intérieur des terres, aux mouvements lents, à la tournure gauche et disgracieuse.

Les patois et les accents se confondent, mais restent dominés par l'accent briochin, un accent à la fois traînard et bref qui remplit la bouche, d'*e* fermés.

Le char-à-bancs était élevé et découvert, et depuis quelque temps déjà la ville de Saint-Brieuc s'était présentée aux regards de Joseph, très-désireux de voir se terminer son incommode voyage et de contempler sa nouvelle résidence.

De loin, comme de près, il serait difficile d'accorder

à Saint-Brieuc cette netteté de physionomie et cette unité d'ensemble qui caractérisent certaines cités. Elle n'a pas l'aspect riant, jeune, régulier d'une ville nouvelle; elle n'a pas l'aspect sombre et sévère d'une vieille ville. Le vieux et le neuf sont là jetés pêle-mêle. En parcourant le réseau embrouillé de ses rues; en voyant de loin, côte à côte, la tour à machicoulis, la longue flèche en ardoises de sa vieille cathédrale, et les blanches façades de ses édifices nouveaux, les pignons pointus de ses maisons moyen-âge, et les cheminées plates des habitations modernes, on se rappelle involontairement le vieil ouvrier laboureur qu'on a heurté sur son chemin, et qui, sur l'antique veste de drap violet ternie, usée, mais encore richement brodée sur toutes les coutures, a fait attacher de simples manches de toile.

Mais, si de l'aspect général de la ville de Saint-Brieuc il ressort qu'elle n'est ni réellement attrayante pour l'archéologue et l'artiste, ni suffisamment coquette et jolie aux yeux de l'homme moderne, il ressort aussi, et cela fait le légitime orgueil de ceux de ses enfants qui ne craignent pas de voir faire la part de Dieu trop grande dans les cités, qu'elle est éminemment religieuse. La croix se dresse de toutes parts au-dessus de ses toits, et la croix ne surmonte que des édifices sacrés : temples où Dieu réside, asiles pieux, établissements créés par la foi unie à la charité. Telle elle a été dans le passé, telle elle est dans le présent, et les auteurs des savantes études sur les anciens évêchés de Bretagne ont été bien inspirés, quand ils ont donné pour épigraphe à leur livre, où Saint-Brieuc tient une si grande place, ces paroles de saint Jean Chrysostome : « Ce n'est ni le titre de métropole, ni l'étendue, ni la magnificence des édifices, ni le nombre des colonnes ; mais c'est le courage et la piété des habitants qui font la valeur, la gloire et la sauvegarde de la cité. »

Joseph descendit de sa cariole au bas de la rue aux Chèvres, il dépassa un groupe d'enfants arrêtés devant la boutique, en plein vent, d'une de ces humbles marchandes de la rue, qui, pour les générations successives de leur clientèle enfantine, ne font plus qu'un avec l'encoignure choisie, et qu'en ce temps de bouleversements et de révolutions on revoit éternellement à la même place.

Pendant que son conducteur tirait sa valise de dessous la cargaison vivante, il regardait autour de lui de l'air étonné et pensif d'un homme qui met le pied sur un terrain inconnu. Tout jugement peut avoir pour base une comparaison ; en sortant de Prévalon, Joseph trouvait Saint-Brieuc imposant et débordant de vie. Des établissements d'une certaine importance s'élevaient autour de lui, le voisinage de la caserne se révélait par certains bruits qui trouvaient un vibrant écho dans l'oreille peu militaire du jeune Prévalonnais; dans la foule bigarrée qui passait comme un flot, il y avait des uniformes brillants, des toilettes élégantes, beaucoup de choses nouvelles pour lui; entre les branches grises des tilleuls taillés au ciseau, dépouillés et couronnés de leurs jeunes pousses, refuge de la sève, il voyait apparaître une blanche statue, celle du Breton du Guesclin, et son regard d'étranger n'exprimait, en aucune façon, ce beau dédain que se permet le moindre goujat au sortir de nos diligences. L'appel du voiturier l'arracha à sa contemplation; il s'acquitta envers lui, prit sa valise, et sur d'assez vagues indications il s'enfonça dans les rues basses.

Sur la place il fit une halte pour donner un coup d'œil aux monuments qui l'entouraient : le palais épiscopal, la préfecture, qui, avec sa voisine, la tourelle du quinzième siècle, fait penser à une jeune et fade coquette parée d'un vieux bijou ; la vieille cathédrale, bâtie en partie par saint Guillaume. Puis il erra un peu à l'aventure dans le marché, il passa entre les rangs pressés des paysannes qui vendaient le beurre doré, voilé par l'humide mousseline blanche ; il s'égara parmi les étalages des marchandes de légumes, qui jetaient leurs appels du fond de leur petite guérite en bois ; il posa une seconde devant un marchand de complaintes qui disait les plus blles choses du monde, une baguette levée vers une sorte de bannière où était peinte une scène de naufrage. Ce spectacle était la curiosité du marché, ce jour-là, et, en apercevant de loin ce navire cabriolant sur ces flots verts festonnés d'écume, les campagnards accouraient. Un peu ahuri par les bruits divers qui lui martelaient le tympan, Joseph se dégagea à grand'peine de la cohue, et, sur l'indication d'un vieillard de grande taille, qui, coiffé d'un vieux chapeau à haute forme, dont le devant était orné d'un almanach dit de Nostradamus, promenait gravement son petit éventaire, il monta une rue sombre et s'engagea dans un labyrinthe de petites rues bordées de murs où fleurissaient les dernières valérianes, et de maisons bizarres chargées d'ornementations et de sculptures en bois d'une incontestable antiquité. Il se trouvait dans un des vieux quartiers de Saint-Brieuc. Auprès des vieux hôtels de pierre s'élevaient des constructions fragiles aux façades de bois, aux murs d'argile, et cela dans une ville qui a les maisons d'une de ces rues suspendues, on peut le dire, sur un vallon, dont les flancs aujourd'hui entr'ouverts, laissent voir une belle carrière de granit bleu, trésor dont l'exploitation forme une des branches les plus importantes de son commerce. Joseph montait toujours, sa valise sous le bras, et tenant à la main un papier où se trouvait l'indication du logement qu'il devait habiter. Ce papier portait : chez Mme le Bigot, rue Notre-Dame. Le numéro était absent, mais on lui avait dit : la maison aux volets verts, et il en concluait que c'était la seule dont les volets fussent de cette couleur. La rue Notre-Dame, d'ailleurs, bordée à droite par les hauts bâtiments du couvent de Notre-Dame du Refuge, à gauche par le mur élevé d'un vaste jardin, sur le faîte duquel la fougère traçait des festons verts, était aussi calme qu'une rue de Prévalon et aboutissait à la campagne. De rares maisons bourgeoises apparaissaient mêlées à des masures rustiques dont le toit de chaume était en pleine végétation. La vie rurale commençait là. Auprès des portes il y avait des instruments de labourage et des tas de carottes rouges au panache vert, on entendait le ronflement sonore des rouets. Joseph aperçut enfin une maison dont le pâle soleil d'octobre caressait les volets verts, et il alla y frapper. Au second coup, une voix de femme cria de l'intérieur : « Geneviève, on frappe. » Au troisième coup, la même voix cria de nouveau : « Levez le loquet. »

Joseph obéit, fit quelques pas dans une petite allée

assez obscure, vit une porte entr'ouverte et entra dans une grande pièce où personne ne se trouvait ; mais, comme il entendait un bruit de pas au-dessus de lui, il y resta, regardant avec un certain étonnement autour de lui. Cet appartement ne ressemblait ni aux salons de Prévalon, parmi lesquels se distinguait le salon riant du Chêne, ni aux appartements nus et délabrés de Jérôme Villeandré. La tapisserie était grise, avec des urnes et des guirlandes s'échappant de dessous des chapiteaux ioniens ; à un des angles un ciel de lit rond garni d'indienne jaune à fleurs et d'une frange rouge à grelots, était attaché entre deux poutres et laissait tomber, d'une grande hauteur, des rideaux d'étoffe pareille qui ne laissaient guère voir qu'un coin de couverture jaune ; une table carrée tenait le milieu de l'appartement ; sur la cheminée se voyaient deux chandeliers d'argent et une glace encadrée dans du chêne noir qui, vu la hauteur où elle se trouvait placée, ne paraissait être là que pour reproduire un affreux petit tableau placé en face et dont le sujet était : une dame guindée, vêtue d'un fourreau rose tendre, une main sur son cœur, et de l'autre écrivant sur le tronc poli d'un arbre jaune la première syllabe du mot souvenir. Contre les murs, des chaises de pailles étaient correctement alignées, et dans la large embrasure de la fenêtre des chaises plus hautes figuraient devant un tabouret chargé de pelotons de laine ; sur le large rebord boisé on voyait en plus, côte à côte, un étui à lunettes, une tabatière ronde en or et un de ces vieux formulaires de prières reliés en cuir qui doivent être classés désormais dans la famille des bouquins.

Joseph vit cela d'un coup d'œil, et il se haussait sur la pointe des pieds pour consulter le miroir sur les ravages que son voyage matinal avait pu opérer dans sa personne, quand une porte du fond s'ouvrit.

D'abord parut une vieille femme s'appuyant sur une canne qui ressemblait fort à une courte béquille et portant le costume simple et sévère conservé par quelques femmes âgées en province ; puis une toute petite personne maigre et voûtée, dont la toilette était beaucoup plus moderne, et qui malgré la nuance décolorée de ses bandeaux blonds tirés derrière l'oreille, aurait pu être prise pour la fille de l'autre. Elles étaient sœurs cependant, mais dans les familles nombreuses on voit souvent auprès d'un berceau une sœur qu'on prendrait pour une jeune mère, et qui, le plus souvent, se trouve, tôt ou tard, chargée d'en remplir les devoirs.

— Que voulez-vous, monsieur ? demanda la plus âgée dont la figure était assez revêche et le regard dur et profond.

— Monsieur, donnez-vous la peine de vous asseoir, disait presque en même temps la cadette en trottant vers une chaise pour l'avancer vers Joseph.

— Madame, dit Joseph avec certain embarras, je viens envoyé par mon oncle, M. Villeandré.

A ce nom, la plus jeune de ces dames releva vivement la tête, rajusta son camail de mérinos noir, et se penchant vers sa sœur :

— C'est notre jeune homme, Fiacrine, dit-elle.

— Alors, vous êtes clerc chez mon beau-frère, M. le Bigot, redemanda la vieille dame.

— Oui, madame ; du moins, je viens à Saint-Brieuc pour travailler dans son étude.

— C'est bien cela. Colette, conduisez monsieur dans le cabinet du pignon.

Mlle Colette passa devant Joseph en faisant une révérence et dit :

— Venez, monsieur.

Ils montèrent ensemble un escalier parfaitement sombre, et de plus très-accidenté, ce qui n'empêchait pas Mlle Colette de babiller.

— Il y a déjà quelques jours que nous étions prévenues de votre arrivée par M. le Bigot, disait-elle ; je tourne à gauche, monsieur Villeandré, tournez à gauche, les couvreurs bouchent en ce moment la petite fenêtre du toit qui éclaire l'escalier, de sorte qu'on n'y voit pas du tout. Ma sœur a d'abord hésité à louer ce petit appartement abandonné, mais son beau-frère.... — où êtes-vous, monsieur ? Est-ce que c'est votre tête qui a fait ce bruit ? Vous êtes-vous cogné ?

— Oui, mais ce n'est rien, dit Joseph en passant la main sur son front meurtri.

— Je disais donc que son beau-frère, qui est aussi notre cousin éloigné, — levez le pied, monsieur, — nous avait beaucoup engagées à vous prendre comme locataire, et le nom de Villeandré nous était trop connu pour le refuser. — Baissez-vous, baissez-vous, il y a encore une poutre là. — L'appartement, comme vous voyez, n'est pas beau, mais il n'est pas cher non plus.

Cette dernière phrase était prononcée dans le logis même de Joseph, un affreux cabinet dont la petite fenêtre, dite à guillotine, ouvrait dans le pignon. Il faut le dire, il était tenu avec une propreté scrupuleuse, et Joseph, n'ayant habité que le dortoir du collége ou la mansarde délabrée de Prévalon, ne parut pas désagréablement impressionné.

— Sans vous en douter, monsieur, reprit Mlle Colette en soufflant sur la petite table où était posé le pot à eau, et où se voyait une impalpable poussière, vous êtes entouré de Prévalonnais. Ce quartier est le quartier de Prévalon. D'abord, nous sommes moi et ma sœur des du Chalonge, originaires de Prévalon; ensuite, un médecin, notre voisin, en est aussi, du moins son grand-père en était. Tenez, ajouta-t-elle en se penchant à la fenêtre, voilà les cheminées de sa maison, là, entre ces deux pignons.

Joseph, qui ne distinguait rien, fit un signe d'assentiment.

L'obligeante Colette n'en demandait pas davantage. Son bras maigre, moulé dans une manche plate, passé au dehors comme un instrument télégraphique, elle continua ses indications inutiles dans un langage de plus en plus romantique.

— Sous ce toit de chaume si moussu loge un tisserand dont Prévalon est aussi la patrie, monsieur Villeandré. Ce vieil hôtel dont vous voyez les girouettes appartient à la famille de Prévalon. Dans ce couvent, en face, dans ce séjour paisible que vous voyez d'ici, vit, comme une sainte, une Prévalonnaise qui, plus sage que nous, a laissé le monde et ses vanités. Enfin, la sœur de Pacifique le Bigot, votre patron, a des alliances avec les familles prévalonnaises, et la marraine de sa nièce était votre grand'mère. Vous ne l'avez pas encore vu, votre patron?

— Non, répondit Joseph.

— Ah! c'est un drôle de corps, un malin, un libéral. Il pense horriblement. On dit même qu'il est le chef de la montagne à Saint-Brieuc, mais je n'en crois rien. Nous n'avons pas les mêmes opinions, Dieu merci, ce qui fait qu'on se dispute. Fiacrine lui rive son clou, et cela est bien amusant, allez, de les voir aux prises. Au fond c'est un excellent homme, un peu dur pour sa famille pourtant, je crois. Mais aussi, c'est bien grâce à lui que les siens vivent dans l'aisance. Asseyez-vous donc, monsieur ; je vous laisse-là debout. Que voulez-vous, cela me fait plaisir d'entendre parler de Prévalon.

Joseph sourit, c'était bien elle qui en parlait.

— Et de voir des Prévalonnais, reprit-elle. Dans ma jeunesse j'en ai vu plus d'un. Votre oncle Jérôme, qui était comme vous clerc de notaire, venait souvent chez mon père. C'est étonnant comme vous lui ressemblez... mais comme deux gouttes d'eau, j'en ai été dès le premier moment frappée.

Joseph redevint grave, il se sentait peu flatté cette fois.

— C'était un bien gentil garçon, continua Colette emportée par son sujet, il avait les plus beaux cheveux blonds du monde, ils sont gris aussi maintenant, sans doute.

— Je n'ai pas bien regardé sous sa perruque, mademoiselle.

— Comment, il porte perruque, c'est bien jeune. Pacifique le Bigot n'en est pas encore là, c'est un joli homme de son âge. Jérôme Villeandré en perruque ! Mon Dieu ! ce que c'est que de nous ! Est-il marié, monsieur ?

Le ton léger qu'affecta Mlle Colette en prononçant cette question aurait pu donner à penser que la réponse ne lui serait pas indifférente.

— Non, mademoiselle, répondit Joseph en dissimulant un sourire.

— Je m'en doutais. Votre oncle, monsieur Joseph, n'est pas un homme à faire un mariage d'argent, un mariage d'intérêt, et on ne voit plus que ça. Mais il faut que je vous laisse, à bientôt. Vous nous direz un petit bonjour en passant, n'est-ce pas ? Mme le Bigot aime les petites prévenances. Elle a l'air un peu sec, ma sœur ; mais, en réalité, c'est la meilleure pâte de femme, et elle raffole des jeunes gens. Elle a été mère, monsieur, bien heureuse mère, mais elle a perdu son fils, sa consolation en ce monde. Il portait le même nom que vous, et cela l'a sur-le-champ bien disposée à votre égard. Son pauvre Joseph ! comme elle l'aimait, comme elle l'a pleuré ! Et dire qu'il lui a été enlevé à la fleur de l'âge !

Un petit salut suivit cette exclamation, et Mlle Colette laissa Joseph s'occuper de la prise de possession.

IX

Avec un ordre qui rappelait les bonnes habitudes contractées au collége, Joseph commença par ranger ses effets, et, cela terminé, il s'approcha de l'étroite fenêtre et avança la tête au dehors pour faire connaissance avec les environs. Avec la meilleure volonté du monde il n'aurait pu se figurer ce genre de point de vue.

Ce n'était plus, hélas! la riante campagne de Prévalon et sa forêt d'arbres si chaudement colorés encore. Son appartement donnait sur des cours humides, précédant des habitations pauvres, aux murailles d'un blanc sale, aux fenêtres à petits carreaux, aux cloisons d'argile. Plus il plongeait ses yeux dans ces profondeurs, plus son visage s'attristait. Il avait été élevé en plein soleil ; au collége même, il avait respiré un air pur à pleins poumons, et il éprouvait des étouffements rien qu'à regarder ces galeries sombres, ces murs suintants que le grand cotylédon, cette plante d'hiver, garnissait de ses feuilles rondes et grasses creusées en bassin.

Cette vue était si peu récréative que, bien qu'un peu fatigué par son voyage, il prit son chapeau, descendit à pas de loup l'escalier sombre et remonta la rue. La campagne était là qui l'appelait, campagne d'un aspect tout nouveau pour le jeune Prévalonnais. A sa droite s'élevaient en montagnes arrondies des coteaux cultivés. Ni fossés, ni arbres, ni clôture. Un immense jardin potager, où des productions de toute espèce mêlaient leurs teintes diverses sans confusion pour l'œil.

Dans le champ au milieu duquel était tracé le sentier qu'il suivait machinalement, l'hivernage commençait, deux chevaux noirs tiraient une charrue, le semeur suivait. L'haleine des chevaux sortait fumante de leurs naseaux et montait comme une vapeur épaisse dans l'air froid ; les sillons nouvellement labourés tranchaient, par leur riche teinte brun foncé, sur les planches des légumes verts ; le ciel dégagé des nuages de la nuit s'éclairait de plus en plus : cette matinée d'hiver, qui succédait à une journée de tempête, avait presque la fraîcheur et la beauté d'une matinée de printemps. Aussi Joseph allait-il toujours, et s'éloignait-il avec plaisir de cette ville boueuse où il se sentait si profondément étranger. A mesure qu'il avançait, ses poumons se dilataient, il trouvait à l'air qui lui rafraîchissait le visage et qui se jouait dans ses longs cheveux, je ne sais quoi de vif, de cru qui l'étonnait. Il savait que Saint-Brieuc était voisin de la mer, qu'il désirait tant connaître, et il aspirait fortement cette brise saline qui, avant d'arriver à lui, avait peut-être effleuré les vagues. Il s'arrêta à une croix blanche dressée sur la hauteur et se détourna pour regarder la ville qu'il supposait pouvoir dominer de cet endroit. Il tressaillit, et une soudaine et très-vive émotion fit monter le sang à ses tempes, la mer était devant lui, verte, tourmentée, couverte de vagues monstrueuses, de sillons d'écume. Elle était là, se gonflant contre ses promontoires arrondis, sur l'un desquels se dressait le vieux donjon sombre et déchiqueté que les auteurs des *Évêchés de Bretagne* appellent, avec raison, la Couronne brisée de Saint-Brieuc. Tout cela se trouvait en pleine lumière, car le soleil avait soudain reparu, et l'âme jeune et délicate de Joseph éprouvait, à ce spectacle inattendu, une impression neuve, à la fois religieuse et puissante. Je ne sais quel écrivain philosophique occupé d'esthétique appelle l'atteinte que l'âme reçoit du beau un envahissement délicieux, une étreinte ravissante, une palpitation intime et suave, sous laquelle se dilatent toutes les forces de notre vie spirituelle, et il ajoute que l'admiration est le soleil de l'âme, et qu'elle en développe les germes les plus secrets et les plus cachés. Joseph eût été en ce moment une preuve vivante de la vérité de ces définitions savantes. Les yeux attachés sur le délicieux panorama que le hasard lui présentait, il demeurait immobile, absorbé. Le sentiment de l'admiration remplissait son âme, et il se laissait aller à goûter cette émotion pure qui avait bien son enivrement. Le premier moment d'impression personnelle passé, il songea à ce que produirait cette vue sur ses amis prévalonnais, pour lesquels la mer était aussi une inconnue, et le souvenir de Claire Beautier, sa sœur d'adoption, domina bientôt ses autres souvenirs. Quel enthousiasme n'eût pas ressenti la poétique enfant, la petite muse prévalonnaise! Puisqu'elle célébrait avec tant d'âme les beautés de sa campagne natale, les charmes de la forêt de Prévalon, quels accents n'eût-elle pas trouvés devant ce spectacle nouveau et magnifique!

Quand midi sonna à toutes les églises de Saint-Brieuc, Joseph était encore assis en extase au pied de la croix. Il se leva surpris et reprit à grands pas le chemin de la ville, au son joyeux de l'*Angelus* qui faisait, dans les champs, les hommes se découvrir et les femmes se signer. Après avoir consulté l'espèce de feuille de route rédigée par son oncle, il courut d'un trait jusqu'à l'hôtel où il devait prendre sa pension, car il s'apercevait qu'il mourait de faim. M. Jérôme, fidèle à ses principes sordides, avait choisi pour lui une de ces maisons qu'on désignait encore sous le modeste nom d'auberge, sans s'inquiéter de l'influence que pourrait avoir sur un jeune homme fraîchement échappé d'un petit séminaire la société mélangée qui se réunissait à l'auberge des *Trois-Marins*.

Joseph éprouva un étonnement mêlé de déplaisir quand il y arriva. Devant cette maison dégradée, noire, et où l'on entendait mugir un bruit de voix qui annonçait une réunion des plus populaires, il hésita. Cependant il n'y avait pas à hésiter. Une large enseigne était là au-dessus de la lanterne crasseuse. Sur le fond jaune clair simulant les teintes délicates dont l'aurore aux doigts de rose revêt le ciel du matin, se détachaient trois matelots, cordialement appuyés l'un sur l'autre, et si parfaitement semblables qu'on pouvait supposer que le peintre avait reproduit trois fois le type choisi. La figure ne se voyait d'ailleurs qu'à travers le nuage transparent de la fumée de leur pipe, et il n'y avait rien à dire au costume. Le collet de coton bleu, brodé de blanc, était largement dessiné, le petit chapeau au ruban flottant crânement placé sur les sourcils, et ils avaient les oreilles ornées de larges anneaux d'or.

Sur la foi de cette enseigne parlante, Joseph passa en se courbant sous la porte cintrée qui servait d'entrée. En apparaissant dans la vaste cuisine qui servait de salle commune, il se sentit légèrement déconcerté. Une grande et grosse femme brune, le dos appuyé contre le fourneau allumé, une main sur la hanche, l'autre armée d'une écumoire qui dégouttait encore, l'interpella assez cavalièrement pour lui demander ce qu'il voulait, ce qui attira sur lui l'attention d'une dizaine de personnes assises à la table. Quand il eut décliné son nom et sa qualité de pensionnaire, la dure figure de l'hôtesse s'adoucit.

— Votre premier dîner aux *Trois-Marins* ne sera pas trop chaud, mon petit monsieur, dit-elle en riant ; quand midi sonne à la cathédrale, on se met à table ici. Enfin, la marmite vient d'être descendue, et vous serez encore, je parie, obligé de souffler sur votre soupe. Passez-là au bout de la table, auprès de M. Perrot. Jacquemine, un couvert pour le jeune monsieur. Allons, dévallez donc, vous autres.

Cette dernière invitation était adressée à quelques rouliers, qui, leur limousine sur le dos et leur fouet entre les jambes, fumaient une pipe en buvant leur café ou leur chopine de cidre. Joseph glissa derrière eux en les priant de ne pas se déranger, ce qui fit qu'ils se dérangèrent tous simultanément, et alla s'asseoir à la place qui lui avait été indiquée.

Les convives ne formaient pas un tout précisément homogène. Au bas bout les rouliers et les conducteurs de petites voitures, grossièrement, mais chaudement vêtus, mangeaient leur écuelle de soupe avec des cuillers d'étain, ou buvaient leur café dans des bols de faïence. Au haut bout cinq ou six personnages à la mine blême, aux vêtements de drap noir râpé, mangeaient sur des assiettes et avec des cuillers argentées, un ragoût placé dans un grand plat creux de faïence brune, d'où s'échappait un parfum d'oignons brûlés et de beurre fortement roussi. Il n'y avait pas un jeune visage au-dessus de ces gilets soigneusement fermés, au-dessus de ces cravates de mérinos noir, usées au frottement des barbes sales. Ces pensionnaires d'aspect famélique se recrutaient parmi les employés tout à fait subalternes, et les personnages descendus par leur faute de la place qu'ils occupaient dans l'échelle sociale. Ils venaient régulièrement à midi dévorer la soupe de la mère Pichon, une soupe fort en renom et qui aurait bien vite eu raison de leur mine d'affamés si le manque d'air, d'exercice, et des privations de tout genre, n'eussent paralysé ses effets bienfaisants. Joseph, avec son teint rose, ses épais cheveux blonds, son costume propre, son linge blanc, ses manières polies et naturellement distinguées, produisait le plus singulier effet dans cette salle enfumée et parmi ces hommes vulgaires.

Pendant le dîner, il y eut un échange de politesses entre lui et son voisin, M. Perrot, qui trônait sur la chaise présidentielle. C'était un homme d'une soixantaine d'années, paré de cette gravité magistrale, affectée, pédante qui, chez un homme laid, que rien ne distingue ni n'élève au-dessus des autres, crée le plus grotesque des ridicules. Il ne mangeait pas avec l'avidité de ses voisins de table, il avait une façon toute particulière de porter son verre à ses lèvres, et il ne prononçait que des monosyllabes qui tombaient de sa bouche comme des sentences.

Il but son café dans un recueillement profond, et se mêla peu à la conversation qui commençait à s'animer. Quand il eut fini, il se leva, secoua, par un geste majestueux, les miettes attachées à son pantalon dont les deux genoux luisaient comme des glaces, jeta sur ses épaules un manteau bleuâtre à deux collets, prit sous son bras un gros bouquin à la couverture éraflée, salua, et, plaçant délicatement un chapeau graisseux sur le sommet de sa tête chauve et grise, il s'éloigna la taille roide, portant haut son gros nez bourgeonné sur lequel la digestion exerçait de véritables ravages et qui flambait à l'ombre du vieux chapeau comme une lampe allumée sous un abat-jour huilé.

Joseph, après le départ de ce solennel personnage, se trouva en butte aux questions familières et indiscrètes des autres dîneurs, et mangea vite pour y échapper. Il aurait même voulu éviter d'avaler le liquide noir qu'on lui offrait sous le nom de café ; mais, son hôtesse lui ayant déclaré que cela n'entrait pas dans sa pension, et que c'était une faveur de bienvenue qu'elle lui accordait, force lui fut d'accepter.

Il s'en alla après avoir formulé de grands remerciments.

— Le brave petit gars, dit la Pichon en le regardant s'éloigner ; il a l'air d'une manière d'apprenti prêtre.

— C'en est peut-être un, et en ce cas vous avez bien fait de le mettre auprès du père Perrot le tonsuré, dit avec une intention évidemment méprisante un affreux homme aux cheveux plats qui s'intitulait écrivain public.

— Non vraiment. A présent ils ne sont plus comme

autrefois, pensionnaires en ville. Chez mon père, il y en avait plusieurs qui sont des recteurs aujourd'hui. C'est, je pense, un parent de ce vieux malin de Bigot, mais c'est toujours une bonne figure de chrétien.

En allant à Jacquemine qui lavait de la vaisselle dans un coin :

— Faudra donner du pain frais à ce petit qui a encore ses dents de lait, murmura-t-elle ; tant pis pour les vieilles mâchoires !

Décidément, la physionomie douce et gracieuse de Joseph lui était une véritable lettre de recommandation, et prévenait en sa faveur les Briochins avec lesquels il allait forcément avoir des relations.

Il n'avait pas fait dix pas en sortant de l'auberge, qu'il se trouva face à face avec une vieille petite dame, dont un vaste et simple chapeau de soie noire ombrageait la figure vive et ridée. Il crut reconnaître Mlle Colette, et salua. Ce salut attira l'attention de la petite personne, qui, le reconnaissant, vint à lui.

— Ah ! c'est vous, monsieur Villeandré, dit-elle ; d'où venez-vous ?

Joseph se détourna, et montra du doigt les *Trois-Marins*, plongés dans les clartés de l'aurore.

— Comment ! dit-elle en pinçant la bouche, est-ce que vous mangez là ?

— Oui, mademoiselle.

— Vraiment! Pacifique m'étonne. C'est une bonne auberge, tenue par des braves gens : la Pichon et moi avons été au catéchisme ensemble ; mais enfin ce n'est pas là la pension qu'il fallait choisir pour un jeune homme comme vous ; M. Jérôme votre oncle n'aurait pas eu une pareille idée ; j'en parlerai à M. le Bigot. A propos êtes-vous allé chez lui ?

— Non, mademoiselle, j'y vais de ce pas, j'ai son adresse dans mon portefeuille.

— Ne vous donnez pas la peine de la chercher, je vais vous conduire si vous le voulez bien, et vous présenter. Il ne me reste plus que quelques petites commissions à faire : des socques à acheter, un peu de laine bleue à assortir, un jeu d'aiguilles à changer, et puis, en passant, je dirai au couvreur de venir nous déboucher la fenêtre de l'escalier, à notre repasseuse et à notre blanchisseuse de venir nous parler demain.

— Nous pourrions commencer par M. le Bigot, insinua Joseph que ce reste de commissions effrayait.

— Comme vous voudrez.

Sur cette réponse, Joseph, après un moment d'hésitation, lui offrit le bras. Mlle Colette ne s'attendait point à cette déférence ; mais elle l'accepta, et elle se remit en route une main légèrement appuyée sur le bras du jeune homme, l'autre repliée en arrière sur les reins, et tenant sous son châle à une haute distance du pavé boueux sa robe de stoff brun.

Ils se dirigèrent vers les rues du centre de la ville, rues sombres et marchandes où contre les maisons neuves s'appuient encore des constructions vieillies dont les étages supérieurs surplombent. En quelques minutes ils arrivèrent devant une vieille maison dont le pignon avancé rompait outrageusement l'harmonie de la rue. Les panonceaux brillaient au-dessus de la porte d'entrée ouverte. Mlle Colette entra, et conduisit Joseph au premier étage. Dans un appartement aussi vaste que sombre, qui sentait le renfermé, il y avait de petits bureaux plus ou moins chargés de liasses de papiers. A l'entrée des visiteurs, une tête se dressa au-dessus de chacun d'eux.

— M. le Bigot est-il dans son cabinet, monsieur? demanda Mlle Colette en s'avançant vers le premier bureau à droite.

Le petit clerc auquel elle s'adressait se tourna vers le bureau du fond, d'où aucun regard curieux n'était parti.

— Le patron est-il dans son cabinet? monsieur, demanda-t-il.

— Oui, répondit une voix sèche et grave, que lui veut-on?

— C'est une dame qui désire lui parler.

Une chaise se recula avec bruit, et le nez bourgeonné du convive des *Trois-Marins*, M. Perrot, qui ne conservait plus qu'une nuance rose d'assez agréable effet, surgit au-dessus d'une montagne de paperasses jaunâtres.

— Madame, dit le bonhomme en faisant un salut profond, donnez-vous la peine d'entrer.

— Vous ne me reconnaissez pas, monsieur Perrot ? dit Mlle Colette. Pacifique n'est pas occupé ?

— Pas plus que d'habitude, mademoiselle Colette.

En se reconnaissant ils s'étaient avancés l'un vers l'autre, ils avaient par un mouvement simultané porté la main à leur poche, et deux tabatières ouvertes se heurtèrent dans l'ombre.

— Le mien est tout frais, dit Mlle Colette d'une voix séduisante.

Le vieux clerc ferma sa tabatière, s'inclina, et les doigts en éventail prit élégamment la prise qu'on lui proposait. Ce droit d'entrée payé, Colette passa, Joseph la suivit et la porte se referma derrière eux.

Le cabinet de M. le Bigot ne ressemblait pas plus aux élégants bureaux de la fin de ce siècle que le vieil homme de loi qui s'y trouvait ne ressemblait aux avocats fashionables, aux magistrats coquets, aux notaires pimpants qu'on voit de nos jours. Un parquet grisâtre, des siéges durs, à dossier droit, un bureau de chêne aux larges flancs, des papiers partout, voilà pour l'appartement; un costume vieilli, composé d'une culotte de drap bleu, d'un ample gilet, d'une redingote longue et d'une casquette évasée d'une forme oubliée et à visière plate, de souliers à lacets; une chevelure grisonnante en désordre, une figure de renard que le rasoir n'avait pas visitée depuis plusieurs jours : voilà pour le maître.

Du reste, c'était une véritable toison que portait la figure rusée du notaire. Les cheveux sur les tempes rejoignaient les épais sourcils, les sourcils se confondaient avec les cils, les favoris empiétaient sur les joues, et sur le nez quelques poils follets, plantes assurément parasites, avaient eu l'audace de s'implanter.

Grâce à cela quand M. le Bigot riait en montrant des dents saines et très-fines, il ressemblait à un chien-loup. Joseph, qui se rappelait la phrase de Mlle Colette : « C'est un joli homme de son âge, » se sentit pris d'une grande envie de rire en voyant cette figure-là.

— Oh! oh! s'écria le notaire en soulevant sa lourde casquette cotelée comme un melon, n'est-ce point ma cousine Colette que j'aperçois ? Comment se fait-il

qu'elle daigne venir visiter le hibou dans son trou ? Ah !
Colette ! Colette ! si c'était pour dresser le contrat que
vous savez...

— Allons, taisez-vous, vieux fou, répondit Mlle Colette, qui tira violemment son chapeau comme pour
élever une barrière entre le regard de Joseph et ses
joues flétries qu'empourprait une légère rougeur, ce
contrat-là ne se passera jamais entre nous, vous le
savez bien, nous avons vécu dans le célibat, mon cher
cousin, nous y mourrons sans doute.

En prononçant ces derniers mots, la voix de Mlle Colette était devenue incertaine.

— Au moins, cousine Colette, devriez-vous me laisser
l'ombre d'une espérance, continua le vieux notaire qui
avançait des chaises tout en continuant son badinage.
Comment va Fiacrine ?

— Très-bien, merci. Je ne vous demande pas des
nouvelles de Justine et de ses enfants, elle m'en a donné
au marché ce matin. Maintenant, laissez-moi dire le
sujet de ma visite. Je viens vous présenter votre nouveau clerc, M. Villeandré.

Le notaire fixa sur Joseph ses yeux roux qui brillaient comme ceux d'un chat sous les touffes grises
de ses sourcils. Joseph supporta vaillamment cet examen.

— Ah! le neveu de mon collègue de Prévalon! dit-il; enchanté de faire votre connaissance, monsieur.

La grande casquette s'éleva de quelques pouces au-dessus de sa tête.

— Depuis quand êtes-vous à Saint-Brieuc?

— J'arrive, monsieur.

— Et vous avez déjà fait connaissance avec vos hôtesses, à ce que je vois. Êtes-vous content de votre chambre, jeune homme?

— Enchanté, monsieur.

— Ainsi vous ratifiez mon choix?

— Entièrement.

— M. Joseph est trop bien élevé pour dire le contraire, dit Mlle Colette; mais avouez, Pacifique, que vous avez été moins heureux dans le choix de la pension. Quelle idée avez-vous eue de le loger aux *Trois-Marins*?

— C'est l'oncle qui a fait le choix, d'après le prix, dit le vieillard avec un malin sourire.

— Pacifique, n'accusez pas un innocent de vos propres méfaits...

— Je vous jure qu'il n'y a pas eu de ma faute. Au reste, si M. Villeandré ne s'y trouve pas bien, il arrangera cette question avec son tuteur. La cuisine se fait proprement, je crois. Du moins, Perrot me l'a dit.

— Très-proprement, monsieur, dit Joseph.

— Oui, mais la société qu'on y rencontre, mais les Pichon eux-mêmes...

— Les Pichon sont de braves gens, Colette. La femme bat parfois son mari quand il a trop tourné, pour lui-même, la clef du baril d'eau-de-vie, mais cela ne peut être d'un mauvais exemple pour un jeune homme, au contraire ; il recevra là pour lui-même, s'il prend femme plus tard, des leçons de soumission.

— On n'a jamais raison avec vous, Pacifique, et il n'y a que Fiacrine à savoir vous répondre, dit Mlle Colette en se levant, aussi je m'en vais. A ce soir, monsieur Joseph. Bonjour, Pacifique.

— Bonjour, Colette, à dimanche. — J'espère, monsieur, que vous accompagnerez mes cousines, qui viennent tous les dimanches soirs manger une côte de bœuf cuite au four. J'ai connu plusieurs membres de votre honorable famille, et je n'ai pas oublié certains services qui m'ont été rendus dans le temps.

Joseph salua et suivit son patron qui reconduisait Colette.

Quand la petite demoiselle fut sortie, le notaire se tourna vers le bureau du fond.

— Perrot, dit-il, donnez de l'ouvrage à ce jeune homme, installez-le dans l'étude ; c'est un confrère, messieurs.

Et il rentra dans son cabinet.

X

M. Perrot installa Joseph à un bureau inoccupé. Le jeune homme s'y assit, passa, en étouffant un soupir, les manches de lustrine noire, et se faisant un rempart de quelques livres il s'isola, plutôt pour se livrer à ses pensées que pour faire le travail qui lui avait été donné. Joseph n'aimait pas le nouveau, l'inconnu, il aurait volontiers pensé ce qu'Eugénie de Guérin devait écrire : « Qu'écrire au bruit d'un vent étranger ! »

Cette maison noire rendait sa tristesse plus pesante. En levant les yeux il rencontrait la sombre cathédrale, et son œil, en suivant les arêtes d'une élégante tourelle octogone qu'il pouvait contempler à loisir, allait se fixer sur un ciel gris et lourd. Pour se distraire, il eut la pensée d'écrire à Titine, mais le papier lui manquait. Un de ses voisins s'aperçut qu'il cherchait quelque chose, et lui demanda tout bas ce que c'était. Ce jeune homme était mis avec élégance, et avec ses jolies moustaches retroussées, sa physionomie ardente et mobile, il produisait un assez drôle d'effet derrière ce grillage noir. Il ne comptait pas parmi les clercs salariés, et ne demandait pas mieux que de lier conversation.

— Je voudrais écrire une lettre, lui dit Joseph, si toutefois il n'y a pas de travail assez pressé pour...

Un éclat de rire étouffé l'interrompit, son voisin pouffait.

— Eh bien ! dit Joseph d'un ton ouvertement mécontent.

— Ne vous fâchez pas, ne vous fâchez pas, reprit l'étourdi ; ce n'est pas de vous que je ris, c'est de votre zèle. Est-ce que vous croyez que nous autres clercs de bonne volonté, nous nous empoisonnons avec cette fade odeur de papier timbré? Bon pour le vieux M. Perrot, qui ne connait pas de parfum qui lui soit comparable.

— Mais cependant, dit Joseph en jetant un coup-d'œil sur le bureau de son voisin, vertueusement recouvert de ce papier tant dédaigné.

— Ah! naïf que vous êtes, regardez.

Et le jeune homme, soulevant chacune des feuilles, fit voir successivement à Joseph : un livre bleu ouvert qui ne rappelait pas le code, des lettres commencées, écrites sur un papier fin et satiné, où ne se voyaient pas ces mots consacrés : Étude de Mᵉ le Bigot; enfin un large album, sur une page duquel séchait une caricature fraîchement dessinée.

— Que voulez-vous ? demanda ensuite le jeune homme d'un air amical; le livre ? c'est un délicieux roman de M. de Pontmartin, l'album ou du papier ?

— Une feuille de papier à lettre, s'il vous plaît, monsieur; je vais écrire à ma sœur.

— Voilà.

— Merci.

— Votre nom, je vous prie ?

— Joseph Villeandré.

— Très-bien.

— Et vous ?

— Armand Daumier, de Saint-Malo.

— Ah ! vous quittez Saint-Malo pour Saint-Brieuc.

— Oui. Mon père, trouvant que je ne faisais rien dans sa propre étude, m'a envoyé ici en pénitence.

— Une pénitence douce.

— Très-dure au contraire; je ne fais rien de l'ouvrage que me donne M. Perrot, c'est vrai, mais je viens régulièrement. M. le Bigot n'entend pas raison là-dessus, et, pour avoir la permission d'aller faire mon droit à Paris, il me faudra un certificat signé de sa main.

— Messieurs, silence, je vous prie, fit en ce moment la voix de M. Perrot.

Malgré cet ordre, les chuchotements recommencèrent comme de plus belle. Le vieux clerc se donnait de temps en temps la satisfaction de rappeler à l'ordre, mais son autorité n'était qu'une ombre sans consistance, personne ne la reconnaissait.

Mais la porte du cabinet s'entr'ouvrit soudain, et la figure hargneuse du vieux notaire, son corps long et maigre, se montrèrent dans la pénombre.

— Messieurs, on cause beaucoup, il me semble, dit-il en lançant vers son vieux clerc un coup-d'œil dur.

Quand la porte se referma, on eût entendu une mouche voler.

Joseph, qui avait son papier, imita la docilité de ses compagnons et se plongea dans la lettre qu'il écrivait à Titine. Il lui racontait en détail son arrivée, il peignait, il décrivait, et finalement il lui annonçait qu'il se trouvait très-malheureux, mais qu'il aurait une distraction suprême, la mer. « Elle est là, disait-il, tout près, j'irai la voir souvent. » Cette lettre finissait comme sonnaient cinq heures. C'était l'heure du départ de l'étude pour les clercs. Il se vit forcé d'aller dîner avec Armand qui avait les amitiés faciles, et qui voulait lui faire les honneurs de sa pension bourgeoise. Il était huit heures du soir quand il reprit le chemin de la rue Notre-Dame. La salle étant encore éclairée, il entra un instant pour souhaiter le bonsoir à ses hôtesses. Mme le Bigot se trouvait seule assise auprès d'un petit feu, Colette était allée à la chapelle voisine dire ses prières du soir.

Mme le Bigot lui parla peu, mais elle le regarda cette fois longuement, attentivement, et, quand le jeune homme remonta avec son bougeoir allumé, elle lui dit bonsoir d'une voix pleine d'affectueuses inflexions.

En ce moment Colette rentrait.

— Qui monte l'escalier ? demanda-t-elle. Monsieur Brasseur ?

M. Brasseur était un vieux garçon assez original, auquel se louaient deux appartements du premier, et qui vivait d'autant plus inaperçu, que son logement avait une entrée particulière.

— Non, répondit laconiquement Mme le Bigot, qui regardait le feu d'un air pensif et dont le visage calme s'empreignait d'une vague douleur.

— Alors, c'est M. Villeandré, dit Colette en ôtant son manteau et en prenant les pincettes.

Et elle ajouta en se parlant à elle-même :

— Comme il lui ressemble !

Sa sœur tressaillit.

— Vous trouvez aussi, Colette, dit-elle.

— C'est tout son portrait, il a les cheveux du même blond, et les yeux du même bleu, les yeux de son père.

— Son père, Colette, avait les yeux roux.

— Bleus, ma sœur.

— Roux, vous dis-je.

— Eh bien! Mme le Bigot, roux, si vous le voulez, mais c'est bien le même nez.

— Et la même manière de sourire, et presque la même voix, mon Dieu!

— Seulement, M. Joseph est plus grand.

— Plus grand! que dites-vous, Colette? il était grand, très-grand, pour son âge.

— Non, Fiacrine, il était petit, beaucoup plus petit que son neveu.

— Que son neveu! interrompit brusquement Mme le Bigot, de qui parlez-vous?

— De M. Jérôme Villeandré, est-ce que ce n'est pas à lui que vous pensiez, Fiacrine?

— A lui! à lui! répéta la sœur aînée d'un ton de reproche; ah!

Et elle appuya ses deux mains croisées sur son visage assombri.

Mlle Colette l'avait dit à Joseph; il y avait un grand chagrin dans le passé de sa sœur, elle avait eu un fils, elle l'avait perdu jeune, et de là venait l'intérêt qu'elle portait à la jeunesse en général.

Quelle que soit la dissipation ou l'occupation de la vie, on n'oublie guère ceux que l'on a bien aimés ; le cœur porte ses grands deuils dans les villes bruyantes comme dans les calmes villages, dans l'activité aussi bien que dans le repos, mais rien n'est propice au culte des souvenirs comme ces existences si calmes en apparence, de la province.

Il y avait vingt ans que Mme le Bigot pleurait ce fils, et ceux qui auraient connu ses habitudes auraient pensé qu'il s'agissait d'un deuil récent. Sa tombe était toujours ornée de fleurs fraîches, on retrouvait encore dans certains appartements de la maison des objets qui lui avaient appartenu et qu'on entretenait avec soin, il n'y avait guère de semaines où ne fussent rappelés quelques-uns de ses faits et gestes. Il avait disparu de la vie intime, et il semblait y tenir une place, tant il était peu oublié.

— Oui, il me le rappelle, reprit enfin la vieille dame en laissant tomber ses deux mains jointes sur ses genoux. Vous souvenez-vous, Colette, de son départ pour Rennes ? C'était avant son examen, il était sérieux, presque triste, et nous ne nous regardions pas pour ne pas pleurer. Le soir après souper il nous dit adieu, prit son bougeoir et ouvrit la porte, et puis il le posa par terre et revint nous embrasser. Ah! le pauvre enfant, il avait comme un pressentiment que nous ne le verrions plus en bonne santé. Voilà ce qui m'est revenu à l'esprit, ce soir, en voyant ce jeune homme, qui lui ressemble tant, me quitter.

— Il faut que j'aille commander mon dîner pour demain, dit Colette qui avait écouté religieusement sa sœur, mais qui voulait opérer une diversion dans ses tristes pensées.

Et elle quitta Mme le Bigot. Celle-ci demeura quelque temps songeuse, et puis, se levant, elle prit sa canne d'une main, le chandelier de fer-blanc de l'autre, et monta lentement l'escalier. Arrivée devant la porte de Joseph, elle posa machinalement la main sur la porte. La porte mal fermée s'ouvrit toute grande, et l'étroit cabinet se trouva éclairé jusque dans ses plus petits recoins. Joseph était couché et endormi, il s'était frileusement enveloppé dans ses couvertures, et on ne voyait que ses cheveux, son front et ses yeux fermés. La vieille dame posa son chandelier sur le parquet et se mit à le contempler : son émotion atteignit bientôt son apogée, ses traits se détendirent, et des larmes roulèrent sur ses joues décolorées. Vingt années de regrets s'abîmaient dans son esprit surexcité. N'était-ce pas son enfant qui était là couché ? Un bruit qui se fit au-dessus d'elle l'arracha à sa douloureuse contemplation.

— Je suis folle, en vérité, murmura-t-elle en s'essuyant les yeux ; mais comme cette chambre est glaciale ! le pauvre enfant a froid.

Elle s'éloigna, et se dirigea vers l'extrémité opposée de l'obscur corridor. Là se dressait une armoire de chêne aux battants vernis et sculptés. Elle choisit une clef dans le trousseau qui plongeait au fond de la vaste poche de son tablier de coton bleu, et l'armoire s'ouvrit. Les planches supérieures pliaient sous le poids de linges symétriquement arrangés et éclatants de blancheur ; dans la partie inférieure, des couvertures de toute couleur étaient empilées. Elle en prit une de laine blanche rayée de rouge, toute neuve, et retourna vers la chambre de Joseph. Comme elle s'avançait dans le corridor, Colette, un oreiller sous le bras, descendait l'escalier du second étage ; elles se rencontrèrent au bas, devinèrent mutuellement leur intention, et sourirent, les bonnes âmes !

— Le pauvre enfant n'a qu'une couverture, ce n'est pas assez dans cette saison, dit ensuite Fiacrine, en continuant son chemin.

— J'ai pensé que le traversin de balle paraîtrait dur

à cette jeune tête-là, habituée sans doute à la plume, dit Colette en la suivant.

Et simultanément elles ajoutèrent :

— Vous avez bien fait, ma sœur.

Elles entrèrent doucement dans la chambre du jeune homme endormi. La chaude couverture fut étendue sur lui, et la tête blonde, délicatement soulevée, s'enfonça dans l'oreiller moelleux. Cela exécuté, chacune d'elles reprit sa lumière, et la porte se referma sans que le sommeil de Joseph eût paru une seconde troublé. On dort si bien à vingt ans !

C'en était fait, il était devenu un locataire à part, une sorte d'enfant de la maison, qu'on allait chérir et soigner.

XI

Les jours qui suivirent, les deux sœurs paraissaient tout occupées d'un grand projet qu'on ne confiait à Joseph qu'à demi.

— Dimanche, nous aurons un petit changement sans doute à vous proposer dans votre manière de vivre, lui avait dit Colette avec sa figure la plus mystérieuse ; mais Fiacrine, qui est la prudence même, veut soumettre son idée à Pacifique dont vous dépendez un peu : ainsi faites semblant de ne rien savoir.

La recommandation était superflue, et cette demi révélation ne servit qu'à augmenter son désir de voir arriver ce dimanche qui se présentait gros d'événements, dont le plus important devait être, sans contredit, le souper chez le patron. Joseph avait pris goût à la société dans son récent séjour à Prévalon, et avait de tout temps pressenti le charme attaché aux bonnes et amicales relations. Armand parti pour quelques jours, le jeune Prévalonnais se trouvait plongé dans une société vieillie qu'il respectait, mais où il ne pouvait trouver la distraction si bonne pour la jeunesse, et il n'espérait plus que dans cette réunion hebdomadaire, car enfin M. le Bigot avait une nièce, et il n'était pas probable qu'elle ne vît pas des personnes de son âge.

Du reste, l'intérieur de M. le Bigot était fermé pour ses clercs, aucun d'eux n'y était admis, Joseph obtenait donc une entrée de faveur. En passant auprès de la salle basse dont les fenêtres donnaient sur la rue, et sur les vitres desquelles des rideaux de calicot blanc mettaient un voile impénétrable, Joseph avait une ou deux fois aperçu contre le rideau imperceptiblement écarté, un bandeau de cheveux, une ligne ondulée et brillante qui lui avait reposé les yeux.

Ce fut, il faut bien l'avouer, ce souvenir qui le porta le dimanche matin à revêtir cette élégante redingote à collet de velours qui n'avait pu être offerte à l'admiration des Prévalonnais. Quand il sortit de la maison, Colette, qui le guettait, se précipita contre les vitres pour le voir passer dans la rue.

— Ah! ma sœur, qu'il est gentil, s'écria-t-elle, il est bien coiffé, bien mis, quelle jolie tournure! quelle taille élégante! il est charmant. Vous savez qu'il va à la grand'messe : si je lui disais de nous attendre?

— Non, non, répondit Mme le Bigot avec une sorte d'humeur, vous tracassez ce jeune homme, Colette, et vous finirez par l'ennuyer. Ne vouliez-vous pas, hier, lui recommander d'aller à la messe? Vous outrepassiez en cela les droits que nous avons sur les locataires. Un devoir s'accomplit par conscience et non pas sur l'invitation d'une étrangère; de quoi vous mêlez-vous? Ou je me trompe fort, ou Joseph a des principes solides; ce n'est donc pas la peine de le gratifier de vos sermonneries qui, bien souvent, n'ont pas le sens commun. La religion se passe d'auxiliaires de votre genre, vous la rapetissez trop. Vous savez que je suis un bon quart d'heure à me rendre à la cathédrale, je n'obligerai personne à se traîner après moi. Quand M. Villeandré le fera de bonne volonté, je lui en serai reconnaissante ; je ne l'en prierai jamais. Puisque le bon Dieu m'a enlevé mon fils, l'appui promis à ma vieillesse, il faut bien que je m'habitue à marcher seule.

Joseph, pendant qu'on s'occupait ainsi de lui, s'en allait en flânant, mêlé à la population briochine qui, en bonne catholique qu'elle est, se dirigeait vers les églises. Comme il était de bonne heure, il marchait au hasard, parcourant des rues inconnues, s'étonnant parfois des personnages qui passaient sous ses yeux. Dans les vieilles villes de province encore peu mêlées au mouvement qui s'appelle la civilisation, se retrouvent des personnalités qui, par leurs habitudes et leurs usages, composent la partie originale de la population.

C'est surtout le dimanche qu'on assiste à ce défilé curieux et pittoresque. Mais, si l'homme nouveau ou la femme à la mode rit de ces costumes surannés, de ces tournures provinciales, de ces costumes antiques, le chrétien et la femme sérieuse se sentent intéressés et édifiés. La vie matérielle est un instant suspendue, presque tous les magasins sont fermés, et les membres de chaque famille, réunis en un groupe, marchent vers l'église conduits par les chefs. Le devoir religieux s'accomplit au grand jour, en commun, et cette manifestation de la vie de l'âme inspire je ne sais quel sentiment sympathique qu'on n'éprouve pas devant les foules se ruant au plaisir.

Quand les cloches joyeuses lancèrent dans l'air glacé leur dernier appel, Joseph pressa le pas et entra dans la vieille cathédrale par un porche original dont il avait admiré la veille les fines moulures et les colonnettes légères.

Cette messe chantée solennellement lui sembla courte. Ni les offices du collége, ni les grand'messes de Prévalon n'avaient pu lui donner une idée de la majesté que le culte catholique déploie dans ses jours de fête, il ignorait le charme puissant de la belle musique religieuse. Je ne sais dans quelle classe de la hiérarchie administrative peut être rangée Saint-Brieuc; mais, au point de vue des choses qui relèvent de l'âme, peut-être pourrait-elle être placée au premier rang parmi les villes de province.

L'office fini, Joseph regagna lentement l'auberge des *Trois-Marins.*

Ce jour-là elle était relativement silencieuse, il ne s'y trouvait que les convives habituels du haut bout de la table. M. Perrot était plus roide que de coutume, les chaussons et les sabots étaient remplacés par des souliers à lacets, il avait un col blanc fortement empesé, et un chapeau qui n'était luisant que par les bords. Il accueillit Joseph avec un bon sourire.

Parmi les jeunes clercs, il en était peu qui, dès les premiers jours, n'eussent joué quelque tour au vieux travailleur. Joseph, au contraire, s'était montré complaisant et poli, et le pauvre clerc lui en savait gré. Dans son humble existence qui avait été remplie de tant de déboires, il avait rencontré si peu de sympathies ! Son histoire était celle de beaucoup de ces employés subalternes qui devraient regarder l'ouvrier d'un œil d'envie. Né dans une humble boutique de tisserand, il avait été envoyé aux écoles, et ses parents avaient écouté ses désirs studieux et l'avaient laissé sur les bancs. Puis on l'avait poussé dans ses études et destiné au séminaire. C'était sa vocation, il subit courageusement les épreuves par lesquelles il lui fallut passer, et il allait quitter la lévite du philosophe pour la soutane de l'ordinand, quand un affreux accident vint le rendre impropre au service divin. En maniant un vieux fusil appendu à la cheminée paternelle, il se fracassa la main gauche. On lui amputa deux doigts, il dut renoncer à la carrière ecclésiastique, et il devint clerc de notaire, avec de maigres appointements qui suffisaient à peine à le faire vivre. Maître le Bigot, auquel il rendait des services par sa grande connaissance des affaires acquise dans une longue pratique, aurait bien pu se montrer plus généreux ; mais maître le Bigot, comme on le dit vulgairement, n'attachait pas ses chiens avec des saucisses, et n'aurait pas consenti à augmenter d'un franc les honoraires de son premier clerc.

Aussitôt après le dîner, Joseph prit, sur les indications de M. Perrot, la route conduisant à la mer. Cette route charmante côtoie le joli vallon qui forme le côté pittoresque de Saint-Brieuc, et le jeune homme charmé y avançait lentement. Dans sa première partie, le chemin passait entre le versant abrupte d'une colline aux lignes moelleuses de sillons bruns légèrement estompés de vert, et une langue de terre qui, suspendue presque verticalement, se déroulait, avec ses choux crêpés blancs de gelée, d'une route à l'autre comme un manteau vert glacé d'argent. A gauche, le pont du Gouët, s'enfonçait entre ses deux bourgades assises tristement au bord de l'eau, l'œil se perdait dans un lointain brumeux richement boisé, et puis la route tournait et le promeneur avait à sa gauche un des versants du coteau opposé, sur lequel semblent s'être épuisées les ressources d'un pinceau capricieux. Dans ce court espace, l'œil trouve des lignes onduleuses d'arbres, des jardins fertiles, des rochers fantastiques, contre lesquels une fraîche prairie fait l'effet d'une écharpe de velours jetée sur de noires et rugueuses épaules, une chapelle placée comme un lieu de repos au haut d'un roide sentier. Dans le fond étroit du vallon un moulin à double tournant lance dans l'air sa pluie argentée, le Gouët, divisé en clairs ruisseaux, se promène sur un sol humide et vert qui, l'été, devient une fraîche prairie ombragée de peupliers. A droite et à gauche, au nord et au midi, le regard ne rencontre que des lignes courbes, sur lesquelles il glisse sans effort.

Malgré tout l'intérêt que lui inspirait le port, Joseph ne s'arrêta pas sur les quais pour regarder à loisir les navires dont la quille touchait le fond du canal à demi-desséché. Il suivit le chemin qui côtoie le Gouët dont les eaux, en attendant le flux, coulaient paresseusement entre les bords vaseux où s'enfonçaient des barques de pêche à demi couchées sur le flanc. Il voyait maintenant de près les majestueux débris du château fort de Cesson, autrefois le chastel et forteresse de Saint-Brieuc; il distinguait les volets élégants encore suspendus dans l'épaisseur du mur, l'azur du ciel lui apparaissait par les baies à plein cintre, on aurait dit de gros saphirs enchâssés dans du jaspe gris. Il passa par le village dit Sous-la-Tour, composé d'une ligne brisée de maisons vulgaires et d'une petite construction de fantaisie, au toit de coquilles, sur les murs de laquelle étincelaient des coquillages nacrés. Arrivé au bout du chemin, il grimpa sur la falaise et s'y assit pour attendre le flot qui commençait à mordre dans la vaste grève grise. Le flot arrivé, il resta à sa place pour s'énivrer de la mer. Il était seul, un moment cependant, il aperçut tout près de lui un jeune homme de taille moyenne, brun, à la physionomie intelligente et réfléchie. Ce fut la seule rencontre qu'il fit sur sa falaise solitaire, et il n'y avait personne sur le chemin nu quand il se remit en marche pour regagner Saint-Brieuc. Il avait froid et il marchait vite.

Cependant, en passant devant un des cabarets les plus achalandés du Légué, un des buveurs attira son attention. Il lui sembla avoir vu cette figure-là quelque part, il lui semblait qu'on lui avait récemment parlé de cet homme, et que cette rencontre n'était pas sans intérêt pour lui. Au moment de rentrer à Saint-Brieuc, il se rappela. Cet homme, c'était ce Julien Cosson tant cherché par son oncle, c'était le vieillard appréhendé au corps par les gardes de la forêt le jour de la fête du château. Ce souvenir ne fit que passer dans sa mémoire, car il regagnait la rue Notre-Dame par un nouveau chemin, et il lui fallait s'orienter. Il montait une ruelle humide, encaissée, quand à droite il vit que le sentier tournait brusquement. Entre les branches dépouillées d'arbres chétifs, s'élevait une petite chapelle ; à son chevet se dressaient des clochetons en pierre sculptée couverts de mousse et de lichens, plus haut, au-dessus d'un terrain à moitié éboulé, les maisons alignées d'une rue. Joseph se trouvait à Notre-Dame-de-la-Fontaine, la plus ancienne chapelle de la ville, celle qui pendant tout le moyen-âge, fut l'objet de la dévotion de Saint-Brieuc et le but d'un pélerinage renommé. Il s'arrêta un instant dans ce lieu solitaire. C'est près de l'endroit où s'élève cette chapelle que saint Brieuc, dit la tradition, s'arrêta avec ses disciples. La fontaine qui ornait le chevet de l'ancienne chapelle, existe encore, et le jeune homme regarda longtemps ses clochetons élégants, ses fines sculptures. Quelques vieilles maisons l'entourent. Sur les escaliers extérieurs, des enfants jouaient, il leur demanda son chemin. Il était sans le savoir tout près de la maison de Mme le Bigot ; en montant une ruelle sombre, il se trouva dans la rue Notre-Dame. Le soir venait, une brume froide remplaçait le soleil depuis longtemps disparu, pas une âme ne se montrait au dehors, et toutes les portes étaient soigneusement closes.

En traversant la rue, il aperçut un mendiant imbécile qui grelottait accroupi contre le portail de Montbareil, il vit passer dans une ruelle humide la coiffe blanche d'une fille de Saint-Vincent de Paul qui, les deux mains cachées dans ses vastes manches grises, s'en allait toute frissonnante visiter quelque pauvre gravement malade, et ce fut tout. Ses hôtesses n'était pas rentrées. Le dimanche pour elles étaient un jour à part, elles le passaient en ville.

D'abord, il y avait les offices et puis les amies et les parentes âgées ou infirmes à visiter. Joseph remit le calme dans sa chevelure fort soulevée par la brise de la mer, refit le nœud de sa cravate, prit des gants frais, et un peu avant sept heures, se dirigea vers la maison de son patron. En posant le pied sur le seuil de cet appartement du rez-de-chaussée qui lui avait été fermé jusquelà, il éprouva en même temps qu'une joie concentrée, une légère appréhension. La vision de la fenêtre, les cheveux noirs ondulés, lui revenaient en mémoire, et, pour paraître devant ces dames, il cherchait à rattraper l'air galant et la tournure aisée qu'il avait récemment employés avec tant d'avantage à Prélavon. Ebloui à la fois par un cercle nombreux, par la clarté d'un feu très-vif, par la lumière de deux chandelles de suif posées sur la cheminée, il perdit un peu son aplomb et manqua son entrée. Il salua à la hâte et prit la première chaise venue après avoir marché sur les pieds de M{ne} Colette, qui, tout en reculant avec une vivacité expressive, lui dit avec un sourire qu'on aurait pu appeler douloureux :

— Ce n'est rien.

Une fois assis, il se remit à l'instant, et d'un coup d'œil inspecta l'assemblée réunie dans le salon, qui était une seconde édition de celui de la rue Notre-Dame. D'abord, près du feu, siégeait une très-vieille femme dont la coiffure bien empesée, moitié coiffe, moitié bonnet, et ornée d'un nœud de ruban, rappelait avec une nuance d'antiquité en plus celle que portait Mme le Bigot. M. le Bigot, coiffé de ce serre-tête eut tellement ressemblé à la personne qui le portait, que Joseph jugea que ce ne pouvait être que sa mère. Auprès d'elle se trouvaient sa belle-fille et sa fille qu'entouraient des enfants de toutes les tailles. Ils se tenaient fort tranquilles dans leur modeste habillement des dimanches, et l'honneur de souper en compagnie semblait seul tenir ouvertes leurs paupières affligées d'une démangeaison de mauvais augure. De l'autre côté se tenait maître le Bigot, avec Mlle Colette pour voisine, puis deux femmes, deux invitées, sans doute, qui n'étaient peut-être pas vieilles, mais qui cependant manquaient certainement de jeunesse.

L'une avait une de ces laideurs complètes, achevées, irrémédiables, que ni la grâce, ni la toilette, ni l'expression n'adoucissent, et qu'on pourrait appeler une laideur de province ; l'autre était une grande fille aux mains mal attachées, maigre, et pourtant lourde, qu'on n'eût pas songé à regarder deux fois. Joseph cherchait des yeux la nièce du patron. Il pensa qu'elle arriverait pour souper, et en attendant, il écouta la conversation qui roulait sur les petits bruits de la ville, conversation puérile à coup sûr, mais sans malignité.

— Lalie, dit tout à coup M. le Bigot en se tournant vers la grande personne maigre, va donc voir si Fanchon a renversé la marmite, ou si le feu n'a pas pris dans le four.

Eulalie se leva ; sa mère avait à lui parler, et elle demeura un instant debout devant Joseph, qui éprouvait en ce moment une secrète déception. Il faut se le rappeler, sa mémoire, semblable à un miroir fidèle, mais à un miroir qui garderait les images, avait emporté ces charmantes figures au-dessous desquelles se fussent inscrits les noms d'Alix, de Claire et de Laurence, et la nièce du patron, ne pouvait en conscience être mise à leurs côtés. Car c'était bien elle, cette femme de vingt-cinq ans qui en portait quarante sur sa figure. Le long de ses larges tempes descendaient en festons les grands bandeaux brillants qu'il avait entrevus. A la bien regarder, Mlle Eulalie n'était peut-être pas dépourvue de beauté, mais cela s'abîmait dans une gaucherie sans mesure et une toilette sans goût ni jeunesse. En province, parmi les femmes sans fortune qui passent leur vie complètement à l'ombre, on rencontre parfois de la beauté. L'étranger, en parcourant les rues silencieuses des petites villes qu'il dédaigne, aura les yeux frappés par des visages régulièrement très-beaux. Sur les promenades publiques, il pourra rencontrer de très-jolies femmes. Presque toujours la grâce, le charme, leur manqueront, la démarche sera guindée, la physionomie n'aura ni piquant ni naturel. Ce monde-là ne sort guère que le dimanche, ne s'habille guère que le dimanche, et cette promenade devient un peu une parade. Mlle Eulalie était un type de la femme honorable et pauvre des petites villes. Jusqu'à quinze ans, elle avait mené la vie heureuse et monotone d'une enfant de province. A quinze ans, elle était sortie fort ignorante de la pension modeste où elle était externe. Ses grands cheveux ondulés et relevés à la chinoise s'étaient allongés en bandeaux étroits, s'étaient disposés en une spirale peu gracieuse derrière la tête, ce qui l'avait tout d'un coup vieillie de cinq ans. Puis la vie laborieuse, la vie consacrée exclusivement aux travaux domestiques, avait commencé. Elle avait été admise à écrire de sa belle écriture les minutes que lui confiait son oncle, elle s'était employée à ravauder le linge, à remplacer les collets d'habits usés, à tailler ses robes d'inspiration, et, il faut le dire, l'inspiration faisait souvent défaut. De dix-huit à vingt-cinq, elle avait arpenté les promenades le dimanche aux côtés de sa mère, et, entourée de l'essaim de ses frères et de ses sœurs, elle s'était mêlée, une fois par an, aux réjouissances occasionnées par la fête des jeux hippiques, c'est-à-dire qu'elle avait vu le cortège revenir de l'hippodrome, ouï la fanfare des pompiers, admiré la gendarmerie à cheval, les autorités en voiture et des paysans bas-bretons dont les jambes étaient nues et les chapeaux entourés de rubans, ri aux parades des barraques établies sur la place de Du-Guesclin. Elle était de plus allée une fois par an danser à la Pentecôte sur l'esplanade verte des Granges, à la fête de Moncontour. Et puis cette phase profane, mondaine, agitée de sa vie, avait cessé. Sans parler d'un jeune greffier qui, n'ayant rien lui-même, l'eût épousé volontiers sans dot, elle avait trouvé un autre parti qui lui convenait davantage. Mais M. le Bigot avait pour principe de ne rien donner de son vivant, et elle dut renoncer à ce mariage. Alors elle trouva le monde ennuyeux, vide. Elle écouta les âmes pieuses qui l'avaient devancée dans la voie du renoncement au mariage, et ne s'occupa plus que de sa famille et de bonnes œuvres. A vingt-six ans, c'était physiquement une vieille fille, vouée au célibat, ayant renoncé à tous les plaisirs, n'ayant fait dans sa vie qu'un voyage, celui de Guingamp, à l'époque du pardon, et vivant heureuse dans son existence laborieuse, étroite, mais saine pour l'âme, et pleine d'intimes consolations. Cette vie si triste d'aspect a ses jouissances, pures et vraies, puisqu'elles naissent naturellement du devoir accompli et qu'elles viennent de l'âme. Avec sa paroisse aimée et ses offices solennels, elle avait les réunions pieuses, les fêtes de famille et d'amitié, les nombreux anniversaires, le réveillon de Noël, le gâteau des Rois, l'oie du carnaval, enfin le souper et la soirée du dimanche. Chez ces modestes femmes dont la vieillesse s'entoure de respect, la part faite au plaisir ne se sépare jamais entièrement du devoir. Dans ces cœurs d'où toute plante parasite est arrachée avant d'avoir pris racine, où toute aspiration dangereuse est étouffée dans son germe, dans ces existences bien remplies où le travail et la prière ne laissent aucune prise aux mauvaises passions, les vertus fleurissent, à l'ombre c'est vrai, mais l'ombre convient aux humbles et solides vertus. C'est folie de plaindre ces créatures dévouées, faites au renoncement, à l'obscurité. Le ciel n'est-il pas mêlé à leur vie? C'est le rayon d'idéal qui poétise les plus vulgaires. Par l'âme, elles sont quelquefois sublimes.

Laissons donc crier contre les vieilles filles vraiment dévotes et réputées inutiles, contre les hommes qui restent sincèrement, profondément religieux ; que leur importe cette calomnie? Dieu, leur conscience et leurs œuvres répondront un jour pour eux, et, en attendant, que la province s'en glorifie! Quand une âme a respiré un air sain, quand elle a vécu dans un milieu où l'élément religieux prend chaque jour un salutaire empire, quand elle a continuellement vu un horizon lourd et bas parfois, c'est vrai, mais où l'œil rencontre toujours quelque lumineux rayon, elle ne peut en sortir sans éprouver une sensation pénible. Imprégnée de catholicisme, elle se trouve en plein paganisme. Tout rayon semble éteint : voici le matérialisme avoué ; le plaisir, coupable ou non, déifié ; l'égoïsme brutal. Alors, devant ces visages tourmentés, ennuyés, passionnés des gens sans croyances, elle se rappelle ces visages calmes, reposés, vraiment dévots, où nulle passion mauvaise n'a apposé sa griffe, car avant d'être écoutée elle a été vaincue.

Mais revenons au salon de maître le Bigot, où chacun attend le retour de Mlle Eulalie. Elle reparut portant elle-même la soupière de faïence. Chez les familles qui avaient conservé les anciennes habitudes, tout se passait avec cette extrême simplicité.

A cette vue, les convives se levèrent et entourèrent la table, et le souper commença. Le plat important fut la fameuse côte de bœuf. Elle se présenta dans sa casse de terre vernissée entourée de pommes de terre dorées, croquantes. Le souper fut gai, et à la fin on choqua les verres au fond desquels reluisaient quelques gouttes de cassis rose et parfumé, de la fabrication de Mlle Eulalie, et puis on s'occupa d'arranger la soirée. Un vieux monsieur se présenta en robe de chambre et en bonnet grec, des voisines arrivèrent en pantoufles. L'une d'elles, une vieille dame à l'air comme il faut, était accompagnée du jeune homme brun que Joseph avait rencontré dans l'après-midi. Mlle Colette lui confia que c'était Mme Simontey, et qu'elle et son fils Réné, récemment élevé à la dignité de docteur-médecin, venaient régulièrement tous les dimanches, Mme le Bigot mère ne pouvant pas sortir le soir. Joseph ressentit de cette nouvelle une joie secrète. Son éducation sévère, son éloignement complet du monde, avaient pu le laisser timide et quelque peu naïf; mais cela n'ôtait rien à la finesse de son intelligence, à la sûreté de son jugement. Il avait donc pressenti qu'il devait y avoir entre ce jeune homme et lui cette conformité d'idées qui établit les sympathies durables, et il n'y avait pas un quart d'heure que Réné était entré dans le salon qu'il en était convaincu.

En fait d'opinion, maître le Bigot méritait un peu les reproches de Mlle Colette. Né et élevé au milieu d'une famille profondément catholique, il avait de bonne heure rompu avec ses pieuses habitudes. Homme positif avant tout, il avait livré sa vie aux affaires, et, encore vigoureux et bien portant, il raillait plus ou moins agréablement tout ce qui sortait de ce domaine. C'était un rationaliste renforcé, et il était, on le sait, assez agressif de sa nature. Ce jour là, tout en persiflant, il lança un coup de boutoir contre une institution religieuse dont il ne pouvait méconnaître l'utilité, mais qu'il détestait de parti pris. Réné Simontey, très-poliment, mais très-catégoriquement, donna une affirmation contraire. Il n'en fallait pas davantage, et la lutte s'engagea. Les deux adversaires ne manquaient ni d'esprit, ni d'habileté, ni de passion. Joseph écoutait, vivement intéressé, ayant sur les lèvres les réponses que formulaient les lèvres de Réné, dans le cœur les sentiments qu'il exprimait. A cet homme jeune et intelligent qui partageait ses croyances et qui les défendait hautement, il se sentait prêt à donner le nom d'ami. Évidemment Réné avait raison, mais le notaire, pour échapper à la défaite, se plongeait dans une mer de sophismes. Sa belle-sœur, impatientée, eut la maladresse de jeter une phrase dans la discussion. C'en fut assez. Le notaire, craignant d'avoir définitivement le dessous avec Réné, saisit au vol ce prétexte de changer de terrain et repartit par une des paroles mordantes et hargneuses qui lui étaient particulières. La discussion de religieuse devint politique. Mme le Bigot remplaça M. Simontey et, comme, entre eux, le beau-frère et la belle-sœur ne gardaient guère de mesure, la discussion s'échauffa à un tel point, que Mme le Bigot, rouge, les yeux enflammés, se tourna vers Colette, qui, sans y rien comprendre, s'y mêlait avec l'à-propos qui la caractérisait et dont l'émotion menaçait de faire irruption, et lui dit :

— Oui, pour un rien je quitterais cette maison pour n'y plus remettre les pieds.

Colette passa ses mains agitées dans ses mitaines noires. Cela voulait dire : Partons.

Mlle Eulalie, profitant de cet instant de silence si gros d'orage, poussa entre les combattants une table recouverte d'un vieux châle sur laquelle il y avait un jeu de loto, et la galerie, avec la mobilité d'impression particulière à tout public, opéra une diversion salutaire en prenant de bruyants arrangements pour se livrer à son divertissement favori.

La partie s'organisa, et les passions soulevées se trouvèrent calmées comme par enchantement. On jouait un sou la partie, et pourtant avec quel intérêt on suivait le jeu, de quelle voix émue on prononçait le mot sacramentel et triomphant de : Quine ! Mme le Bigot resta simple spectatrice, et, les premières parties jouées, elle appela Joseph en entretien particulier.

Le grand projet dont Mlle Colette lui avait glissé un mot lui fut soumis. On lui offrait d'échanger la table commune et assez mal servie de l'auberge des Trois-Marins pour la table frugale, mais convenable, de ses respectables hôtesses. Les conditions, par une faveur dont il sentit tout le prix, seraient les mêmes, ce qui lui donnait toute liberté. Joseph, les premiers jours, avait examiné avec une sorte d'intérêt la société mélangée qui se réunissait aux Trois-Marins ; il avait vu défiler devant lui citadins, Gallos et Bas-Bretons, et il y avait trouvé un certain charme de curiosité. Mais au fond cette société blessait la délicatesse de sa nature et de ses habitudes, la conversation s'émaillait de trivialités choquantes, la familiarité un peu grossière de la Pichon le laissait froid. C'était presque en rougissant qu'il franchissait ce seuil où l'on voyait fumer les voituriers trop souvent avinés, et il se rappelait qu'en nommant à Armand Daumier ce que ce dernier appelait son restaurant, il avait reçu d'un des amis du jeune clerc un coup d'œil tout plein d'un étonnement passablement dédaigneux. Toutes ces raisons lui firent accepter avec empressement et reconnaissance la proposition de la vieille dame, et il fut convenu que, le mois révolu, il ne retournerait plus aux Trois-Marins.

En quittant Mme le Bigot, il fut saisi au passage par son patron que le vieux monsieur en bonnet grec venait de quitter. Il remarqua que maître le Bigot avait posé sur la cheminée, à la portée de sa main, une bouteille et un verre, et qu'il buvait à petites gorgées, et comme pour se rafraîchir le gosier, d'excellent vin de Bordeaux dont, à table, on avait vanté la qualité. Aussi le vieux notaire, assez silencieux quand il ne chicanait personne, devenait-il loquace. Remontant par le souvenir à ses débuts dans le notariat, il raconta complaisamment à Joseph les difficultés qu'il avait dû vaincre, car il était pauvre et il avait une nombreuse famille à soutenir ; de là il passa aux affaires importantes dont il s'était occupé, et le pauvre Joseph fut obligé d'avaler ce long récit tout orné de termes de jurisprudence et de citations du Code. La seule question des domaines congéables dura quatre parties de loto. Enfin il eut le courage d'écouter patiennent, attentivement, et, au moment de partir, il entendit son patron qui, les yeux un peu clairs et les pommettes légèrement enluminées, confiait à Mᵐᵉ le Bigot, avec laquelle il était parfaitement réconcilié, qu'il y avait dans ce jeune homme l'étoffe d'un bon notaire. C'était le compliment le plus flatteur qu'il pût adresser.

La soirée de la côte de bœuf n'avait pas positivement tenu ses promesses ; mais, comme Joseph n'était nullement blasé sur les distractions, comme il espérait donner plus tard à ce jeune médecin pour lequel il se sentait plein d'estime le nom d'ami, il conclut que cette vieille et honnête société valait encore mieux que sa chambre solitaire pour ses soirées du dimanche.

XII

— Vraiment, on n'entend parler que de malheurs ! s'écria un matin Mlle Colette en entrant dans l'appartement qu'on appelait dans la maison : la salle.

Mᵐᵉ le Bigot occupée à son éternel tricot, Joseph qui tisonnait, la regardèrent comme pour lui demander de s'expliquer. Il était rare qu'elle rentrât sans rapporter une petite moisson de nouvelles. Son plaisir était de les récolter et de les égrener à sa sœur qui, beaucoup moins curieuse qu'elle, écoutait cependant assez volontiers les bruits du jour. Tout cela, la plupart du temps, était de fort petite importance ; il était rare que Mˡˡᵉ Colette eût la bonne fortune d'entendre raconter une vraie catastrophe.

— Croiriez-vous, reprit-elle en se débarrassant de son chapeau et de son manteau qui restaient accrochés de chaque côté de la dame au fourreau rose pâle, qu'en démolissant une maison de la rue Grenouillère on a trouvé entre les poutres du plafond...

Elle fit une pause habile et reprit en joignant les mains :

— Une jambe !

— On s'est moqué de vous, Colette, dit Mᵐᵉ le Bigot en levant les épaules.

— Je vous dis, Fiacrine, qu'on en a trouvé une, elle est même bien conservée, cependant je crois que l'ongle du petit doigt de pied manque. Cette jambe...

— Bah ! laissez-nous tranquilles avec votre jambe, interrompit Mᵐᵉ le Bigot avec sa brusquerie ordinaire, les maçons ont voulu s'amuser à vos dépens, je parie.

— Et quand je vous dirai que je l'ai vue, s'écria M{{lle}} Colette, emportée par sa vivacité, moi et cent autres personnes qui étaient là !

— Ah ! c'est différent ; mais, en vérité, vous aviez bien besoin d'aller vous fourrer dans cette bagarre. Enfin, que disait-on de cela, puisque vous êtes si bien instruite ?

— Vous comprenez qu'il y avait cent avis différents.

— Sans doute, puisqu'il y avait cent personnes.

— Et qu'est devenue la jambe ? demanda Joseph.

— La justice s'en est emparée, et on finira par apprendre quelque horrible évènement. C'est ce que disait une dame que j'ai rencontrée chez le boulanger. Elle ne pouvait non plus s'expliquer ce fait extraordinaire. Elle parlait fort bien vraiment, et nous avons eu une grande conversation : elle m'a raconté toute son histoire.

— Bon ! une bavarde comme vous, grommela M{{me}} le Bigot.

— Ah ! Fiacrine, si vous saviez comme elle a été malheureuse ! Figurez-vous d'abord que de très-riche qu'elle était, elle est devenue pauvre.

— Elle n'est pas la seule ; cela se voit tous les jours. Tant pis pour elle !

— Attendez, attendez, vous allez voir quelles épreuves elle a eu à subir.

Mlle Colette savoura une prise, prit une chaussette de laine grise qui appartenait à Joseph dont elle soignait les menus objets, y passa la main, et, tout en faisant glisser sa longue aiguille, elle reprit :

— Elle était donc riche, cette pauvre dame ; elle avait voiture, chevaux, domestiques, tout ce qui s'en suit ; voilà que son mari meurt, les affaires s'embrouillent, on dépouille la pauvre veuve, et elle reste avec deux enfants sur les bras. Son fils, — un jeune homme charmant, il paraît, — obtient une position grâce aux démarches de sa mère, et sa fille, malgré elle, épouse un homme qui la rend très-malheureuse. Cette pauvre femme pleurait en se rappelant sa vie et celle de sa fille dans un bourg où elles vivaient privées de toute société et de tout bien-être. Avec cela son gendre avait sa mère, une femme violente, dominatrice, qui la jalousait, qui lui faisait perdre la confiance de sa fille, qui, en un mot, lui rendait la vie insupportable. Mais, par dévouement, elle restait. A peine en est-elle délivrée, que sa fille meurt de chagrin, que son gendre est tué quelques années après, et qu'elle se voit ôter la tutelle de ses petits-enfants qu'elle chérissait. Leur tuteur lui faisait mille avanies, et dans les couvents où elle était obligée de demeurer elle a toujours reconnu que ses ennemis venaient indisposer les religieuses contre elle. N'est-ce pas là une triste existence pour une femme qui, comme elle le dit, a toujours vécu en famille dans l'aisance, et qui, sur ses vieux jours, ne se voit entourée que d'étrangers ?

— Cela n'est pas gai, je l'avoue, dit Mme le Bigot ; mais je trouve qu'elle vous en a raconté bien long. Je n'aime pas beaucoup ces plaignantes-là, Colette.

— Dame, tout le monde n'est pas comme vous, Fiacrine, boutonné jusqu'aux yeux. S'il fallait garder toutes ses impressions, la tête en tournerait. Parler soulage, ma sœur.

— Je ne dis pas, mais conter ainsi ses chagrins au premier venu...

— Oh ! madame le Bigot, interrompit Colette piquée, cette respectable dame savait à qui elle s'adressait. On voit tout de suite à qui l'on a affaire, et, si je lui ai inspiré de la confiance, de mon côté, j'ai bien vu qu'elle me faisait un récit sincère, vrai comme l'Évangile.

— Vous vous avancez, Colette, mais c'est votre habitude. Allons, ne vous échauffez pas, et baissez plutôt le rideau de votre côté. Voilà deux minutes que cette vieille figure indiscrète est collée à la vitre.

Colette et Joseph avaient regardé en même temps vers la fenêtre, et, en voyant contre la vitre un visage curieux, encadré de papillotes grises, une double exclamation leur échappa.

— Justement! ma dame de ce matin, exclama Colette.

— Ma grand'mère Châteaunay ! s'écria Joseph en s'élançant dehors.

Mme le Bigot et Colette se regardèrent, et Mme le Bigot partit d'un si bruyant éclat de rire, que les cordons de son tablier s'en dénouèrent. Cet accès d'hilarité ne dura qu'un moment. Elle s'essuya les yeux tout en cherchant, sous son châle, à réparer l'accident.

— Avouez, Colette, que votre finesse a dépassé tout ce qu'on peut imaginer, dit-elle. Ce que dit cette pauvre Mme de Châteaunay n'avait jamais encore été comparé à parole d'Évangile. Vraiment, il fallait bien vous extasier sur la sincérité de son récit. Et sa peinture de Manon Villeandré, qu'en dites-vous? Une femme qui valait dix femmes comme elle, et qui a été si pleurée par sa belle-fille, on nous l'a dit dans le temps.

Mlle Colette, qui connaissait Mme de Chateaunay de réputation, sentit qu'elle avait commis une grosse bévue, et, pour échapper aux sarcasmes de sa sœur qui était quelquefois impitoyable dans ses plaisanteries, elle prit un petit balai pour balayer le devant du feu où il n'y avait pas trace de cendre. Comme elle finissait ce travail inutile, Joseph entrait avec Mme de Chateaunay qui reconnut Mlle Colette et lui témoigna une grande amitié.

Elle s'était, dans ses pérégrinations, rencontrée avec Mme le Bigot, et la sympathie n'avait pas été très-vive entre elles. Cependant cette lointaine et vague connaissance suffit pour mettre la vieille dame tout à fait à l'aise. Elle fit part aux deux sœurs de ses nouveaux projets. Son fils ayant été nommé procureur impérial à Saint-Brieuc, elle arrivait avec l'intention de devenir pensionnaire de l'un des établissements religieux de la ville, sa belle-fille et elle ne s'arrangeant pas assez bien ensemble pour qu'elle demeurât chez elle.

— Ton oncle et ta tante sont à l'hôtel, dit-elle à Joseph en finissant, et il est bon que je te présente à eux, mon enfant.

Joseph déclara qu'il était tout prêt, et ils partirent. M. et Mme de Chateaunay les reçurent dans l'appartement qu'ils occupaient à l'hôtel. M. de Chateaunay était un fort bel homme blond, dont la légèreté s'était avec le temps fondue en égoïsme. A la vue du fils de Valentine, il n'éprouva pas d'émotion, et sa belle figure garda sa noble insensibilité. Sa femme accueillit Joseph avec une bienveillance un peu hautaine. Malgré sa bonne mine naturelle et le collet de velours de sa redingote, il avait l'air rapé, ce qui ne pouvait être accepté avec plaisir par l'élégante jeune femme. M. de Chateaunay lui adressa pour la forme quelques questions sur ses projets d'avenir, sur sa manière de vivre, et sa femme ajouta qu'elle recevrait souvent et qu'elle espérait bien le voir à ses fêtes. Mme de Chateaunay s'empressa de répondre affirmativement pour lui, et ils se séparèrent. En sortant de l'hôtel, Joseph s'avouait que son oncle et sa tante ne seraient jamais pour lui que des étrangers, que leur maison ne lui serait jamais véritablement hospitalière, mais qu'il y aurait peut-être dans ces relations de quoi rompre la monotonie de sa vie, et que ce serait une manière de connaître enfin un monde qui lui était encore inconnu.

Ce fut ce qui arriva, et l'hiver se présenta à lui tout autre qu'il ne s'y était attendu.

Reçu en qualité de parent chez M. de Chateaunay, présenté par lui dans le monde, il perdit peu à peu la timidité qu'il n'avait pu surmonter qu'à demi à Prévalon, et acquit cette élégance de manière qui fait passer la médiocrité et qui ne saurait déparer le mérite. Il n'en continua pas moins, comme on le pense, de cultiver ses vieux amis. Cette société simple et bonne le délassait du factice qui se rencontre toujours à un certain degré dans ce qu'on est convenu d'appeler le monde, et puis il y trouvait Réné Simontey qui sacrifiait généreusement ce soir-là ses goûts à ceux de sa mère. Ils se lièrent bientôt d'une amitié qui semblait devoir être durable et qui contre-balança l'influence que, dans ce moment, Armand Daumier aurait bien pu exercer sur l'esprit du jeune Prévalonnais. Armand Daumier était un garçon léger, sans valeur réelle, mais aimable et d'une gaieté vraiment séduisante. Il secouait le plus bruyamment possible ce qui lui restait de principes et de croyances, il n'avait plus qu'un dieu : le plaisir. Appuyé sur l'amitié sérieuse et forte de Réné Simontey Joseph résista à l'entraînement et conserva toute l'énergie de son caractère en ce qui regardait la ligne de conduite qu'il s'était consciencieusement tracée. Quand il eut franchement arboré son drapeau, la réserve de Réné tomba complétement, et il agit avec Joseph comme il aurait agi avec un jeune frère. Il le présenta chez certains membres de sa famille, où les réunions tenaient le milieu entre les bals parés et la soirée de la côte de bœuf. C'était encore le monde, mais le monde sous son meilleur aspect, quand il conserve avec la famille je ne sais quelle vague ressemblance qui lui donne un attrait de plus.

Nos lecteurs, surtout ceux qui savent le prix des habits bien coupés et des gants glacés, se demanderont sans doute comment Joseph triompha de cette énorme difficulté, la redingote au collet de velours n'étant guère de mise, hélas! dans cette nouvelle phase de sa vie. Il est certain qu'il en aurait été pour son désir d'acquérir de belles manières et de profiter des occasions qui s'offraient à lui de s'amuser s'il n'avait pas trouvé l'appui de Mme le Bigot. Mlle Colette raccommodait ses chaussettes et fortifiait ses boutons chancelants; mais sa sœur rendait au gentil locataire des services d'un autre genre. Après s'être prudemment assurée que la gêne évidente du jeune homme ne provenait que de la parcimonie de son tuteur, elle lui ouvrit généreusement sa bourse, sans autre garantie que sa parole pour le remboursement qui devait se faire à sa majorité.

Et ce fut grâce à cela que Joseph put faire face à toutes ses dépenses de l'hiver, et paraître avec avantage dans le monde.

XIII

— Villeandré, passez-moi le tabouret du père Perrot. Bien. De plus ces vénérables bouquins, piédestal poudreux du chapeau onctueux que vous savez. Merci. Maintenant regardez : une, deux, trois. Je vous l'avais bien dit : je vois dans la rue et même un peu sur la place.

Ceci se passait dans l'étude ordinairement si paisible de Mᵉ le Bigot. Deux fenêtres y donnaient du jour : l'une ouvrait sur un jardin sombre enclos de murs, l'autre, petite, couverte de toiles d'araignées et placée haut, donnait dans la rue. Au-dessous de celle-ci se trouvait le petit bureau où Armand Daumier lisait, écrivait, dessinait, bâillait et dormait. Il venait d'y dresser une sorte d'échafaudage, et, tandis que les autres clercs copiaient laborieusement, il s'était juché là, avait ouvert la fenêtre, allumé un cigare, et regardait les passants à l'aide de petites jumelles de spectacle.

Joseph, distrait malgré lui, écoutait en souriant les remarques du clerc tapageur.

— J'aperçois un coin du marché, disait-il. Ah ! devant ce grand gaillard qui serre tendrement des poulets contre son cœur s'arrêtent un grand chapeau noir et un petit châle vert. C'est Mlle Colette du Chalonge, je parie. Oui, c'est bien elle. Elle se démène, elle gesticule, elle savoure une prise. Bon ! un coq énorme prend le chemin de son panier. Villeandré, vous mangerez du poulet cette semaine. Mon maître d'hôtel apparaît, il a l'air bourru, et la bourse qu'il tient à la main est flasque. Grugeur, va ! S'il pouvait acheter cette oie grasse, moins grasse que ses joues, ou ce beau lièvre dont il palpe le râble ! Messieurs, aimez-vous le civet ? Moi, je l'adore. Voilà Mlle Lalie qui descend la rue, elle revient d'un office quelconque, elle a son bréviaire. Sainte Eulalie, priez pour moi. Oh ! les belles dames ! des étrangères, il me semble, qui cela peut-il être ?

Il se pencha au risque de tomber.

— Dieu me pardonne ! elles viennent ici, s'écria-t-il en se rejetant vivement en arrière, chez maître Pacifique le Bigot, elles se trompent, c'est clair ; si j'allais les remettre dans leur chemin.

— On monte l'escalier, dit Joseph, j'entends des frôlements.

— Oh ! diable, s'écria Armand qui d'un bond descendit de son observatoire.

Ses pieds avaient à peine touché le plancher, que la porte s'ouvrit devant la comtesse de Prévalon suivie de sa petite-fille. Mme de Prévalon a singulièrement vieilli, la couperose envahit son teint, ses cheveux ont blanchi et son visage hautain a une expression chagrine, inquiète, qui en détruit presque l'harmonie. En les apercevant, Joseph avait rougi jusqu'aux tempes et avait fait un mouvement pour s'élancer vers elles, et puis une invincible timidité l'avait retenu. La vicomtesse Alix, si gracieuse, si prévenante, n'était pas là. Armand Daumier, d'ailleurs, l'avait prévenu. Après avoir retroussé sa moustache, il s'était avancé et s'était incliné gracieusement devant la comtesse. Quand elle eut exprimé le désir d'être introduite dans le cabinet particulier de M. le Bigot, il l'y précéda. Joseph vit passer au-dessus de son bureau une capote de velours noir, des rubans roses et un boa de cygne, il entrevit derrière les liasses jaunâtres le profil noble et gracieux d'Alix, et il resta cloué sur sa chaise. Cette terrible comtesse qu'il n'avait pas revue depuis son enfance ne lui semblait pas abordable. Armand Daumier revint fort enthousiasmé de la beauté de Mme de Prévalon qu'il avait à peine aperçue. Transformant sur-le-champ son bureau en une table de toilette, il arrangea ses cheveux, se frisa les moustaches, rajusta sa cravate, se brossa, la main droite brossant l'épaule gauche et *vice versa*, et ainsi paré il alla se poster tout près de la porte du cabinet avec un gros in-folio qu'il avait l'air de feuilleter. Joseph avait machinalement arraché ses manches de lustrine noire et il attendait la sortie en s'excitant par mille judicieuses réflexions à paraître devant Mme de Prévalon. Au bout d'un quart d'heure, M. le Bigot parut reconduisant ces dames. Joseph se leva, se rassit, se releva et se rassit encore. Mme de Prévalon avait les sourcils froncés, elle parlait d'un ton bref, Alix suivait les yeux baissés sous son voile de tulle. Elle ne vit pas Joseph et n'honora pas d'un regard le studieux Armand, qui pourtant avait été obligé de se déranger pour lui livrer passage.

Il en était fort dépité, et il se mit à chercher ce qu'auraient pu laisser tomber ces dames, pour avoir un prétexte de courir après elles. Joseph, tout entier à des regrets soudain ravivés, jugea à propos de quitter l'étude plus tôt qu'à l'ordinaire. La vue d'Alix lui avait rappelé Prévalon avec une telle force, qu'il fallait qu'il y songeât librement. L'air de l'étude lui parut étouffant, la tourelle octogone vers laquelle il jetait des regards désespérés lui parut plus noire encore et plus épaisse que de coutume, il lui sembla qu'elle lui interceptait la lumière. Il sortit donc, remonta lentement la rue et se dirigea machinalement vers la place du Martray, où la foule s'amassait autour d'un charlatan monté sur un affreux bidet jaune et vêtu d'un burnous en calicot blanc rayé de rouge.

— Achetez mon livre, criait-il en penchant vers ses auditeurs sa face enluminée, ornée de longues moustaches cirées, et ne le tournez pas en dérision ; voyez les sinistres qu'il raconte, voyez ces mères éplorées demandant à la terrrre le corps de leurs chers enfants dans l'instant même que la terrrre les engloutissait. Ah! grrrand Dieu! quel tremblement, que de cadavres !

Il baissa la voix et reprit :

— Mais le prix ! direz-vous. Le prix, c'était vingt-cinq centimes; mais je me suis dit : Beaucoup de monde seront privés de cette belle et morale lecture, et par pure humanité et par pur désintéressement je l'ai mis à deux sous. Oui, à deux sous, et je donne la médaille et le cordon par-dessus le marché.

Ce magnifique discours fini, une vieille femme se mit à battre de la grosse caisse sous le nez du cheval, et la distribution commença. A ce moment Joseph laissa ses yeux errer sur le cercle des spectateurs, et un cri d'étonnement faillit lui échapper. Au premier rang, il y avait, comme toujours, un cercle d'enfants, et parmi ces enfants il venait d'apercevoir un garçonnet brun, coiffé d'une mauvaise calotte de paille, dont la figure pâle et intelligente exprimait la plus vive attention.

— Mon Dieu ! comme il ressemble à Kolaz ! pensa Joseph.

Il s'ouvrit un passage, arriva tout près de l'enfant et lui plaça la main sur l'épaule. L'enfant se retourna.

— Ah ! monsieur Joseph ! s'écria-t-il.

C'était bien Kolaz. Joseph lui fit signe de le suivre. Ils se dégagèrent de la foule.

— Comment, c'est toi, Kolaz ? que viens-tu faire à Saint-Brieuc ?

— Vous voir, monsieur, et vous apporter de la part de Catherine une douzaine de crêpes sucrées.

— Rien que cela ? Tu es toujours chez mon oncle ?

— Oui.

— Comment va-t-il ?

— Oh ! il se porte bien, mais l'avarice monte, il se mouche avec ses doigts. Vous ne me croirez pas, monsieur, mais il n'a pas plus de mouchoir que moi à présent, le savon coûte si cher !

— Et, dit Joseph en souriant, il t'a permis...

— Je ne lui ai pas demandé permission. Lundi dernier, il me dit : Je vais partir, je serai absent huit jours, je ferme la maison, tu coucheras dans l'écurie et tu mangeras à l'auberge, voilà vingt sous. Alors moi je me suis dit...

Kolaz mit un doigt sur son nez et ajouta en faisant une gambade :

— Je vais partir aussi et aller voir M. Joseph. J'ai averti Catherine qui parlait toujours de votre goût pour les crêpes, je les ai emballées toutes chaudes, et me voici.

— Et Mignonne ? demanda Joseph.

— J'ai recommandé au petit Jacques de la soigner, répondit gravement Kolaz, je lui ai donné deux sous pour cela.

Joseph partit d'un grand éclat de rire.

Le petit Jacques était un mendiant de l'espèce de Kolaz, mais plus jeune, et l'idée avait vraiment en soi quelque chose de comique.

— Comme cela sent bon, reprit Kolaz en ouvrant ses narines fines, qu'est-ce qu'on grille ? Ah ! les belles châtaignes !

Contre les murs sombres de la cathédrale, une vieille femme se tenait accroupie ; sa longue coiffe désempesée et sa mante bleue rapiécée se détachaient sur le granit noirci. Devant elle, sur un fourneau portatif, grillaient des marrons auxquels Kolaz jetait des regards de convoitise. Joseph lui en acheta et remonta vers la rue Notre-Dame, suivi par Kolaz qui, tout en babillant, épluchait ses marrons. Arrivés devant l'hôtel qui, lui avait dit Mlle Colette, appartenait à la famille de Prévalon, il vit que les persiennes et la large porte d'entrée étaient ouvertes.

— Monsieur Joseph, voici M. Christian et Mlle Alix, cria Kolaz gaiement.

Joseph se détourna et aperçut un groupe de dames qui arrivaient. Instinctivement il recula et se trouva caché par la maison qui faisait le coin de la rue. Il vit passer les dames de Prévalon accompagnées par une autre dame d'un âge mûr ; Christian et un jeune homme plus âgé que lui de quelques années suivaient. Les dames s'arrêtèrent auprès de l'hôtel. Mme de Prévalon causait avec sa compagne. Alix se tenait à quelques pas en arrière. L'étranger s'était approché d'elle ; ils n'échangèrent que quelques paroles et un profond salut, mais le sens de l'attitude réservée et presque émue de la jeune fille, l'air empressé et le regard éloquent du jeune homme, n'échappèrent point à Joseph. Il baissa la tête, et puis, se tournant tout à coup vers Kolaz :

— Veux-tu venir tout de suite au Légué?

— Qu'est-ce que cela? monsieur Joseph.

— C'est le port, ce sont les navires, c'est la mer.

— Oh! s'écria Kolaz en enfonçant des deux mains sa calotte, partons.

Joseph redescendit la rue et continua son chemin d'un pas lent et en silence. Dans le ciel pur de son imagination, il avait laissé briller une étoile qu'à ses heures de rêverie il aimait à contempler, et en ce moment, hélas! il sentait qu'elle échappait pour toujours à son regard.

XIV

Pendant que Joseph et Kolaz se dirigeaient vers le port, Mlle Colette, assise dans l'embrasure de la fenêtre de son salon, tricotait, en proie à une étrange émotion.

Le matin, en faisant ses petites courses de ménage,

elle avait rencontré plusieurs fois sur son chemin un vieillard, un étranger qui l'avait regardée avec une attention inexplicable. Elle l'avait vu la suivre des yeux avec une persistance dont elle ne pouvait se rendre compte, et, tout en tricotant, elle compulsait ses souvenirs pour savoir si ce personnage-là ne lui était pas connu. Un moment, elle leva les yeux, et son tricot lui échappa des mains. Le même homme était là, dans la rue, appuyé sur sa canne et inspectant la maison du regard. Mlle Colette, déjà vieille d'âge, était encore jeune d'imagination et de cœur. Elle était restée vieille fille plutôt par le fait des circonstances que par goût, et il y avait des moments, moments courts et rares, où elle caressait en secret l'idée d'échanger son titre de demoiselle contre le titre plus grave de dame.

Sans en avoir la conscience, la pauvre fille avait porté le poids du passé de son honorable famille. Malgré leur déchéance, résultat de leur pauvreté, ses parents, qui, dans leurs entretiens intimes, se complaisaient à rappeler tout ce qui établissait l'ancienneté et l'honorabilité de leur famille, n'auraient pas souffert qu'elle épousât un homme d'une condition évidemment inférieure à celle qu'elle était censée occuper. Or, comme Colette n'était pas positivement séduisante, elle avait subi la complète indifférence de ceux qu'elle regardait comme ses égaux et elle avait dû se retrancher derrière une dignité un peu factice qui l'avait néanmoins soutenue dans son sacrifice.

« Mlle Colette est haute comme les monts, » disait la société marchande dans laquelle son goût des nouvelles lui faisait chercher des amies, mais dont elle eût dédaigné de faire partie.

En province, on rencontre ainsi une foule de femmes qui, par mille petites considérations, marchent d'un pas ferme dans une route qu'elles n'auraient peut-être pas choisie, et portant jusqu'aux extrêmes limites de la jeunesse de vagues espérances et de vagues regrets.

Donc, en ce moment, le vieux cœur de Mlle Colette battait, parce que sur son chemin elle avait rencontré trois fois un affreux petit vieillard alerte, aux yeux intelligents, qui l'avait honorée d'une attention très-particulière et qui posait maintenant sous sa fenêtre. Il aurait tiré une guitare de dessous son vieux paletot marron que la romanesque vieille fille n'en eût pas éprouvé le moindre étonnement.

Mme le Bigot, dont les pensées paraissaient suivre un cours aussi paisible que celui de son tricot, et qui n'avait pas l'esprit aux sérénades, devina, en jetant les yeux sur sa sœur, que quelque chose l'agitait, et elle lui en demanda la cause.

— Ce matin j'ai rencontré un monsieur qui m'a beaucoup regardée, répondit Mlle Colette en baissant les yeux involontairement, je le revois dans la rue. Je ne sais vraiment qui cela peut être.

Mme le Bigot replaça sur ses yeux ses lunettes cerclées d'ébène, et regarda dans la rue.

— Nous allons le savoir, dit-elle froidement, car il vient ici.

Comme elle finissait, un coup de marteau retentit.

— J'espère que Geneviève ne fera pas attendre ce monsieur, dit Colette en se plaçant sur le bord de sa chaise, elle ne va jamais au premier coup.

— Pourvu qu'elle arrive au second, repartit Mme le Bigot avec le plus grand calme.

Mais Geneviève était en vivacité ce jour là, et, comme Mme le Bigot finissait ces mots, la porte du salon s'ouvrit devant Jérôme Villeandré.

— Votre serviteur, madame le Bigot, dit-il en saluant. Bonjour, Mlle Collette.

Mlle Colette, qui s'attendait à moins de familiarité, répondit par sa plus belle révérence et se leva pour avancer un siége au visiteur. Il y avait dans la tournure de la vieille fille une nuance de prétention qui ne lui était pas habituelle.

— Tiens, vous ne me reconnaissez pas, reprit l'avare;

moi, je vous ai bien reconnue ce matin, mademoiselle Colette. J'ai d'abord un peu hésité, car, enfin, vous devez approcher de la cinquantaine, mais je ne me suis pourtant point trompé. Allons, ne me regardez pas ainsi, que diable ! je suis Jérôme Villeandré en chair et en os.

Mlle Colette ne put réprimer un petit cri d'étonnement. Hélas ! hélas ! ce gentil Jérôme dont elle avait conservé un si doux souvenir, le temps en avait fait ce petit vieillard crasseux qui, vu de près, n'avait vraiment rien de séduisant. O désillusion !

— En passant par Saint-Brieuc, j'ai voulu savoir comment se comportait mon vaurien de neveu, reprit Jérôme.

— Un vaurien ! monsieur Joseph un vaurien ! s'écria Colette scandalisée, le plus charmant jeune homme !

— Pas si vaurien que vous, monsieur Jérôme, ajouta crûment Mme le Bigot. A son âge, vous aviez déjà de petites tendances à l'économie, qui ont, je le vois, bien profité avec le temps. Non, non, ne dites pas de mal de ce cher enfant.

— De grâce, madame le Bigot, ne m'arrachez pas les yeux ; je suis de votre avis, parfaitement de votre avis. Je voudrais savoir ce qu'il est devenu, ce cher

Benjamin. Je ne l'ai pas trouvé à son étude où il aurait
dû être.

— Dans tous les cas, vous le verrez à midi, répondit
Mme le Bigot, car, vous le savez sans doute, il est devenu
notre pensionnaire.

— Je le sais ; vous êtes, ma foi, bien bonne de prendre
cet embarras.

— Ce n'est point un embarras du tout. Vous resterez à
dîner avec nous, n'est-ce pas, monsieur Jérôme ?

Jérôme pensa que c'était un dîner d'économisé, fit
un salut d'acceptation, et demanda la permission d'aller
faire une petite commission en attendant midi. Il partit,
et au premier coup de midi, il reparaissait dans la salle.
La table carrée était recouverte d'une nappe bien blanche, le couvert était mis, mais Joseph n'était point arrivé.

— Voilà la première fois qu'il nous joue un pareil
tour, dit Mme le Bigot en se levant, mais on ne l'attendra
pas. Monsieur Jérôme, voulez-vous vous asseoir à ma
droite.

Ils se placèrent, et Mme le Bigot fit poser près d'elle une
assiette vide sur laquelle elle mit un ou deux morceaux
de choix en réserve pour Joseph, dont l'absence se prolongeait. Geneviève apportait le beurre et les marrons
grillés qui formaient tout le dessert, quand il arriva, en

appercevant M. Jérôme, il recula d'étonnement, et il entra en fermant vivement la porte derrière lui. Il souhaita le bonjour à son oncle, s'excusa près de ses hôtesses, dit qu'il allait changer de paletot, car il étouffait, et il ressortit. Dans l'allée, Kolaz, au nez duquel il avait volontairement fermé la porte, attendait.

— Mon oncle est là, dit Joseph à voix basse.

— Ah! mon Dieu! exclama Kolaz en reculant d'horreur.

— Et s'il te voyait, mon pauvre Kolaz...

— Il époussèterait ma veste avec sa canne, dit l'enfant en remuant les épaules ; il faut que je décampe, monsieur Joseph. Le voiturier qui m'a amené repart ce soir, je vous ai vu et j'ai vu la mer, je suis content.

Joseph fouilla dans son gousset et mit une petite pièce dans la main de Kolaz.

— Trouveras-tu l'auberge des Trois-Marins que je t'ai montrée en passant? dit-il.

— Très-bien, monsieur.

— Alors, vas y dîner, et dis que c'est moi qui t'envoie... Embrasse pour moi ma bonne Catherine, rappelle-moi au souvenir des habitants du Chêne, de tous les gens de Prévalon.

— A vous revoir donc, monsieur Joseph, dit Kolaz en se dirigeant lentement vers la porte.

Mais, revenant tout à coup sur ses pas :

— J'oubliais les crêpes sucrées, dit-il.

Il ouvrit sa veste, tira de la poche intérieure un paquet mou et humide et le tendit à Joseph.

— Garde-les, garde-les, dit Joseph qui ne put s'empêcher de rire.

Et se ravisant, il ouvrit le papier, enleva délicatement un morceau de la crêpe dorée et ajouta :

— Dis seulement à Catherine que je les ai trouvées bonnes.

— Je n'y manquerai pas, dit Kolaz, qui partit cette fois.

Joseph rentra. Il mangea peu et expliqua tant bien que mal son manque d'appétit. Mlle Colette, qui, de son côté, avait éprouvé une grosse déception s'en était consolée en dînant bien. Jérôme Villeaudré d'ailleurs se perdait peu à peu dans son esprit. Il mangea gloutonnement comme s'il avait jeûné depuis huit jours ; il ne parlait que d'argent et faisait sans cesse des allusions à son âge à elle, Mlle Colette, ce qui était souverainement désagréable à celle-ci.

Après dîner, Jérôme monta dans la chambre de son neveu.

— Puisque nous voilà enfin débarrassés de ces vieilles folles, dit-il brutalement, parlons un peu de nos affaires. Travailles-tu?

— Oui, mon oncle.

— C'est bien. Pacifique le Bigot est content de toi. Il te reproche d'être un peu mou, un peu rêvassier, mais tu ne serais pas le fils de ta mère si tu ne l'étais pas. Tu es du dîner de la côte de bœuf, à ce que l'on m'a dit, bravo ! bravo ! Et mon affaire à moi, t'en es-tu occupé ? Ce Julien Cosson...

— N'est pas à Saint-Brieuc, mon oncle.

— C'est toujours ce qu'on m'a répondu.

— Mais je l'ai vu.

— Où ?

— Dans une auberge sous la Tour. Je présume qu'il ne demeure pas loin de là, chaque fois que je vais au Légué, je le rencontre.

— Est-ce bien lui, es-tu sûr que c'est bien lui ? s'écria Jérôme dont les yeux pétillaient.

— Je le crois.

— Ah ! tu es un brave enfant, tu mériterais que je te donnasse... hum... rien, rien, mais le fait est que je suis ravi. Écoute, aujourd'hui tout mon temps est malheureusement pris par des affaires importantes, mais demain tu m'accompagneras, n'est ce pas ? J'aurais dû penser à faire chercher dans les environs. Ah ! la bonne ruse ! Comme cela il pouvait rester parfaitement introuvable. Qui donc aurait pensé à l'aller dénicher dans un hameau de pêcheurs ?

— Mais, mon oncle, dit Joseph, je ne puis comprendre quel intérêt vous avez à tant rechercher cet homme !

— Quel intérêt ? le plus haut intérêt. Avant six mois, si tout marche à mon gré, tu sauras aussi bien que moi quel service tu m'as rendu.

Sur ces paroles, l'oncle quitta le neveu et s'en alla, sans même dire en passant un petit bonjour à celles qui l'avaient cordialement reçu.

Au reste, cela importait peu désormais à Mlle Colette. Son cœur était retombé dans un calme parfait, et même après s'être posé cette question :

— Si Pacifique le Bigot et Jérôme Villeandré me demandaient en mariage, lequel choisirais-je maintenant ?

Elle l'avait résolue ainsi :

— Oh ! l'hésitation n'est plus possible, vive Pacifique le Bigot !

XV

Le lendemain de bonne heure, Jérôme Villeandré frappait à la porte de Mme le Bigot. Mlle Colette lui ouvrit elle-même ; et, chose singulière, elle ne s'excusa pas de paraître devant lui en bonnet de nuit. Ceci prouvait en quelle indifférence et en quel mépris elle tenait désormais sa vieille idole.

Joseph était descendu en entendant la voix de son oncle, et ils prirent à grands pas le chemin de Sous-la-Tour.

En entrant dans l'auberge, d'où Joseph avait souvent vu sortir l'ancien valet de chambre de M. de Prévalon, ils l'aperçurent assis à la table et déjeunant.

— Tiens, tiens, est-ce bien vous, mon cher Julien ? s'écria l'avare en feignant la surprise et en s'avançant vers lui.

Julien tourna vers lui une figure boursouflée, qui gardait les traces d'une ivresse récente, et fit une grimace de déplaisir.

— Votre serviteur, monsieur Villeandré, dit-il laconiquement.

— Est-ce que vous demeurez ici, Julien ? reprit Jérôme.

— Ici ou ailleurs, monsieur Villeandré, ça ne vous regarde pas, je présume.

— Non, mais enfin je suis bien aise de vous rencontrer. Dame, on ne vous voit pas tous les jours.

Julien répondit à cette phrase aimable en lui tournant à demi le dos.

— Les Prévalonnais du vieux temps se font rares, continua Jérôme, que rien ne semblait devoir rebuter. Avez-vous de bonne eau-de-vie, l'hôtesse ?

Joseph, à cette demande surprenante, avança de quelques pas dans l'auberge. Etait-ce bien son oncle qui avait parlé !

— Nous avons d'excellent cognac, monsieur, répondit l'aubergiste. M. Julien peut vous le dire.

— Oui, oui, il n'est pas mauvais, dit l'ivrogne en versant jusqu'à la dernière goutte dans sa tasse l'eau-de-vie du petit flacon qu'il avait à la portée de sa main.

— Allons, veuillez m'en servir un carafon. Votre vent de mer refroidit terriblement l'estomac.

En faisant cette dernière réflexion, Jérôme s'assit devant Julien, et, quand on lui apporta l'eau-de-vie, il en versa dans la tasse du vieillard ; puis, en laissant couler quelques gouttes dans un petit verre :

— Buvez cela à ma santé, Julien, dit-il ; que diable ! quand nous étions jeunes, nous avons fait trop de parties de chasse ensemble pour que vous me refusiez. Ah ! dans ce temps-là, nous étions gaillards et nous ne craignions pas le serein quand il s'agissait d'aller écouter chanter les perdrix que nous devions tuer le lendemain.

Julien avait commencé par repousser la tasse à demi pleine, et puis, au séduisant souvenir évoqué, il l'avait machinalement rapprochée de lui.

— Vous étiez un fin tireur, monsieur, dit-il en hochant la tête ; et feu mon maître disait qu'il y avait plaisir à vous donner des permis. M. Boisselet tirait bien aussi.

— Moins bien que vous, Julien.

— Ah ! moi, je me suis tout de suite gâté la main. Ma foi, j'aurais aussi bien fait de rester garde que de me faire valet de chambre.

Il baissa la tête d'un air sombre et avala une gorgée d'eau-de-vie, après avoir dit en regardant Jérôme :

— A votre santé ! monsieur.

— Oui, Boisselet était bon chasseur, mais compagnon bien désagréable, reprit Jérôme Villeandré en s'accoudant sur la table. Au rendez-vous de chasse, il querellait tout le monde, et...

— Oui, mais comme il jouait le bézigue, monsieur ! interrompit Julien, dont les yeux brillèrent. Quel plaisir j'avais à le regarder vous battre tous !

Et, emporté par son enthousiasme, il finit l'eau-de-vie que lui avait versée Jérôme.

— Comme vous battiez les autres gardes, mon vieux ! Si vous aviez joué avec Boisselet, je ne sais pas vraiment qui l'aurait emporté. Aimez-vous encore à faire la partie de cartes, Julien ?

— Demandez aux gars du Légué, dit Julien en tirant de la poche de son paletot un jeu de cartes, qui paraissait avoir essuyé toutes les tables des auberges des environs.

— Si nous faisions une partie, hein ?

— Ma foi, monsieur, je ne demande pas mieux. Les matelots sont encore à Marseille, et, quand la pêche est commencée, ma main droite peut se mettre à jouer contre ma main gauche.

— C'est bon, vous allez me dérouiller ; mais ici on est bien à l'air. Est-ce qu'il n'y a pas une chambre, un cabinet, où l'on puisse faire tranquillement sa partie ?

— Le petit cabinet des barriques est vide, monsieur Julien, dit l'hôtesse.

— Venez, monsieur, dit le vieillard en se levant.

— Un instant. Faites-nous un grog, la mère, et épicez-le un peu bien. Avec cela une topette de votre meilleur cognac. Une fois n'est pas coutume, et d'ailleurs c'est moi qui paie.

Et il suivit le vieux joueur. En passant devant son neveu stupéfait, il lui dit à demi-voix :

— Tu peux aller flâner sur le port, j'en ai pour quelque temps ici.

Joseph sortit, mais sa promenade l'ennuya. Le temps était triste. De lourds nuages gris heurtaient le front noirci et déchiré du vieux donjon de Cesson ; les grèves, sur lesquelles passaient rapides de blancs oiseaux de mer, avaient l'aspect désolé, et puis il se sentait inquiet, mal à l'aise. Il se disait que son oncle suivait en ce moment l'exécution de ces ténébreux projets, dont ceux qui avaient vécu avec lui pouvaient soupçonner l'existence. Il ajoutait mentalement qu'il pourrait bien arriver que la découverte qu'il avait faite de Julien les servît, et cela le désolait instinctivement.

Après une heure passée sur les quais, il retourna à l'auberge. Il arriva au moment où Jérôme Villeandré et son partenaire sortaient du cabinet particulier. Jérôme riait silencieusement ; Julien paraissait complètement ivre, ses joues étaient rouges, ses yeux allumés, sa physionomie sournoise était remplacée par un air éventé qui allait mal à sa vieillesse. Il adressa un grand salut à Joseph, et, s'asseyant sur une haute marmite qu'il prit pour une chaise :

— Monsieur, dit-il, je méprise les ivrognes.

— Et moi aussi, double brute, grommela Jérôme Villeandré, dont la figure rayonnante s'était légèrement assombrie en payant l'hôtesse.

Puis, écartant la main que l'ivrogne tendait amicalement vers lui en l'appelant son petit frère, il sortit en toute hâte.

Jusqu'à Saint-Brieuc, pas une syllabe ne fut prononcée entre l'oncle et le neveu. Jérôme semblait absorbé dans des pensées de la plus agréable nature sans doute, car il reniflait avec force, ce qui était chez lui un signe certain de contentement, et il s'arrêtait pour se frotter le menton avec un si mauvais sourire, que Joseph s'en sentait attristé. En passant devant l'hôtel de Prévalon il remarqua les persiennes ouvertes, et, se tournant vers son neveu :

— Est-ce qu'ils seraient à Saint-Brieuc ? demanda-t-il.

— Oui, mon oncle.

— La comtesse y est-elle aussi ?

— Elle y est, mon oncle. M. Charles fait partie de l'ordination.

— Et quand a-t-elle lieu ?

— Dans huit jours ; demain on entre en retraite, et à partir de ce jour il ne pourra voir personne.

— Demain ! s'écria Jérôme avec un geste de véritable effroi ; ah ! je l'échappe belle.

Et, faisant volte-face, il se mit à descendre rapidement la rue.

— Mais, mon oncle, dit Joseph qui courut après lui, dites-moi au moins où et quand je pourrai vous revoir.

— Où ? je n'en sais rien ; quand ? je n'en sais pas davantage ; cependant attends : demain je dînerai au *Trois-Marins,* viens si tu veux... après dîner.

— J'irai après l'ordination, dit Joseph.

— Tu y seras, à l'ordination ?

— Certainement, M. Charles reçoit le sous-diaconat.

— Il ne recevra rien du tout, c'est moi qui te le dis ; à demain.

Il partit, et courut d'un trait jusqu'au grand séminaire. Introduit dans un parloir, il y resta quelques minutes à prendre haleine.

Bientôt arriva l'abbé. Ce n'est plus le jeune homme que nous avons vu au château au commencement de cette histoire, c'est un homme d'une mâle beauté. Il a bruni sous le ciel d'Afrique, une cicatrice traverse son large front, et sur cette figure se confondent maintenant, en une expression saisissante, la franche hardiesse de l'homme de guerre et la calme et douce gravité de l'homme de méditation et de prière.

— Monsieur, dit Jérôme en tirant presque respectueusement son vieux chapeau, j'ai un entretien confidentiel et très-important à avoir avec vous, je ne voudrais pas être dérangé, ne pouvez-vous me conduire dans votre chambre ?

— Je ne puis, monsieur, dit l'abbé d'une voix dont les inflexions brèves rappelaient encore l'homme habitué au commandement ; mais fermons, si vous le voulez, la porte de ce parloir.

Et sur un signe d'assentiment que lui fit l'avare, il ferma la porte qui était restée entr'ouverte.

XVI

— Je vous écoute, monsieur, dit l'abbé Michel quand ils se furent assis.

— Monsieur permettez-moi d'abord de vous demander qui vous croyez être, dit Jérôme en attachant sur lui son œil fin, qui avait une étrange fixité.

— La question est au moins singulière, dit l'abbé avec une certaine hauteur.

— Peut-être, mais ayez l'obligeance d'y répondre. Je ne sais sur vous que ce que tout le monde sait. Êtes-vous vraiment né à Paris?

— Oui, monsieur.

— Et n'avez-vous aucun souvenir de vos parents ?

— Aucun, monsieur. Je n'avais guère qu'un an quand Mme de Prévalon m'a pris auprès du lit de ma mère mourante.

— Et vous a-t-elle parlé de votre père ?

— Elle m'a dit que c'était un employé d'imprimerie, mort du choléra cette même année.

— Et elle ne vous a dit que cela ?

— Non, monsieur.

— Ainsi c'est bien vous cet enfant qu'elle a élevé, qu'elle a en quelque sorte adopté ?

— Vous connaissez trop la famille de Prévalon, il me semble, monsieur, pour que je sois obligé de constater mon identité, et toutes ces questions me semblent au moins inutiles.

— Moins que vous ne le pensez. Au reste, je ne vous ferai pas languir plus longtemps. Votre véritable nom, monsieur, n'est pas Michel, vous êtes le comte de Prévalon.

Et il s'arrêta, comme pour jouir de l'effet qu'avaient dû produire ces étonnantes paroles sur son interlocuteur.

L'abbé avait tressailli, ses joues brunes s'étaient empourprées; mais, réprimant aussitôt tout signe extérieur d'émotion, il dit froidement :

— Vous ne parlez pas sérieusement, monsieur ?

— Très-sérieusement.

L'abbé le regarda en face ; et, convaincu qu'il n'avait affaire ni à un fou ni à un mystificateur, il s'accouda sur la table, appuya son front sur sa main frémissante et dit d'une voix lente, dont toute sa force de volonté ne pouvait dissimuler l'altération soudaine :

— Des preuves, monsieur ?

— Les preuves, on les fournira quand il en sera temps. Je ne les ai pas sur moi, j'ai été pris à l'improviste. Dans votre intérêt, monsieur, cette révélation devait vous être faite avant le jour où vous pouviez aliéner pour jamais votre liberté. La carrière ecclésiastique qui pouvait convenir au lieutenant Michel pourrait bien ne pas être du goût du comte Bertrand de Prévalon.

— C'est une chose dont Dieu et moi restons seuls juges, monsieur ; ce que je vous demande, c'est de déchirer complétement ce voile qu'il vous plaît de soulever, c'est de me dire, sur-le-champ, ce que vous savez.

— Je vous en dirai toujours assez pour vous faire croire à la vérité de ce que j'avance, répondit Jérôme. Et d'abord je vais vous rafraîchir la mémoire, en ce qui concerne le passé de votre famille. M. le comte de Prévalon, oncle de celui que vous avez regardé comme votre bienfaiteur, avait deux frères, Jean-Honoré-Marie et Bertrand-Anne-Michel. Jean étant mort à l'armée sans avoir été marié, de ce côté il n'y avait pas d'héritiers. Restait Bertrand.

Ici l'abbé fit un mouvement.

— Ne m'interrompez pas, monsieur ; je sais ce que vous allez me dire, que Bertrand étant aussi mort garçon, de ce côté encore les héritiers faisaient défaut, mais c'est ce qui vous trompe. Bertrand, vous le savez vaguement sans doute, était un dissipateur. A trente ans, il ne lui restait plus un sillon de terre, il était devenu une sorte d'étranger pour sa famille, que ses folies avaient profondément irritée, et il avait été réduit, vers la fin de sa vie, à se faire ouvrier dans une imprimerie. Il y a quelquefois dans les familles de ces membres gangrenés qu'on rejette et qui vont vivre ou mourir loin de leur pays, d'autant plus oubliés qu'après leur folle vie rien ne demeure. Quand ils ne laissent pas après eux des enfants à l'avenir desquels il faut pourvoir, leurs parents s'estiment bienheureux. Pour la famille de Prévalon, Bertrand n'existait plus depuis longtemps, et son frère, avec lequel il avait eu des démêlés sanglants, avait déclaré à l'avance et lui avait fait savoir dans le temps où ils avaient encore une ombre de relation, qu'il choisirait un héritier dans une branche collatérale plutôt que de le voir lui ou ses enfants lui succéder. Le comte de Prévalon savait que, dans l'état d'abjection dans lequel était tombé son frère, il n'aurait pu faire qu'un indigne mariage, et, je le sais de bonne source, il n'était pas sans crainte de ce côté. Ce fut donc un soulagement pour lui quand on lui annonça sa mort. Il était mort du choléra dans un des hôpitaux de Paris. C'était l'aumônier qui annonçait cette nouvelle à sa famille, et, sur ses propres paroles, il le déclarait célibataire.

Il y avait dix ans qu'on n'en avait entendu parler. Sa mort passa inaperçue, car il était mort garçon. Du moins on le croyait, monsieur, mais on se trompait, car Bertrand de Prévalon était votre père. Il avait épousé en légitime mariage, dans un bourg de Picardie, il y avait déjà plusieurs années, une Bretonne, femme honnête, mais très-vulgaire et très-bornée, qui ne sut pas défendre les droits de ses enfants et qu'il avait abandonnée, puisqu'il était mort loin d'elle dans un hôpital, si seul, qu'on l'avait supposé sans famille.

— Permettez-moi une simple observation, monsieur, dit l'abbé, qui écoutait avec un intérêt profond, comment se fait-il que M. de Prévalon ait toujours ignoré le mariage de son frère ?

— Parce que celui-ci, ayant intérêt à le lui cacher, avait pris toutes les mesures nécessaires pour le rendre aussi secret que possible. Il avait encore de bons moments, et la misère l'effrayait pour ses enfants. C'était à regret qu'il laissait chez les parents de sa femme son fils aîné, qui y avait été mis en nourrice, et qui, pris en affection par ces bonnes gens, y était resté. Voici probablement le raisonnement qu'il s'était fait. Si mon frère apprend mon mariage, il me déshéritera, non-seulement moi, mais encore mes enfants. Si, au contraire, il me croit libre de tout engagement et que je vienne à mourir avant lui, il ne songera pas à donner par testament sa fortune à un parent qui devient son héritier naturel, et, après sa mort, mes enfants revendiqueront tout simplement l'héritage.

— Les choses ont pu se passer ainsi, monsieur ; continuez, je vous prie.

— Son calcul était très-juste, monsieur ; c'était le seul moyen de ménager pour les siens une chance de rentrer en possession des biens de leur grand-oncle. Cependant M. de Prévalon mourut, et des héritiers, auxquels, certes, on ne s'attendait pas et dont on avait nié l'existence, allaient se présenter avec des droits inattaquables; mais maintenant paraît Mme de Prévalon. Je le savais, c'est elle et elle seule qui a tout fait ; c'est elle qui, au mépris de vos droits, a conservé à son mari cet opulent héritage, duquel elle comptait bien ne pas se dessaisir, et ce n'est qu'aujourd'hui que, par l'indiscrétion de celui qui fut forcément son complice, j'ai pu connaître comment elle s'y était prise pour écarter ces héritiers, dont l'existence lui était soudain révélée, et deviner en l'orphelin qu'elle avait élevé un de ces héritiers.

L'ouvrier Michel avait probablement eu soin de prévenir sa femme de ses projets, en lui recommandant, dans l'intérêt de leurs enfants, une discrétion absolue. Il avait même pris ses mesures pour qu'elle sût ce qui se passait à Prévalon. A peine instruite de la mort du comte de Prévalon, elle partit pour les Côtes-du-Nord, et arriva avec vous à Prévalon. Avant de dire un mot du sujet qui l'amenait, elle demanda le valet de chambre de M. de Prévalon, dont son mari lui avait parlé, et c'est à lui qu'elle révéla son secret.

Il en éprouva un tel saisissement que, sans réfléchir aux suites de ce qu'il allait dire, il courut tout raconter à Mme de Prévalon.

Cette nouvelle, pour elle surtout, était foudroyante. Je ne sais pas si vous l'avez quelquefois pensé, mais elle n'avait pas choisi M. de Prévalon par inclination. Elle ne l'avait même épousé que quand la mort des frères de M. de Prévalon avait donné de droit sa fortune à l'héritier normand. Elle résolut de lutter, de disputer l'héritage ; et, comme elle avait affaire à une femme simple et ignorante, toute pénétrée sans doute encore des recommandations énergiques de son mari sur le silence à garder, elle eut beau jeu. Il fallait d'abord acheter le silence et la complicité de Julien, elle les acheta. Cela fait, on empêcha la veuve de parler. Julien, qui faisait semblant de prendre ses intérêts à cœur, s'opposa à ce qu'elle les mît entre les mains d'un homme de loi, ce qu'elle voulait judicieusement faire. Pour lui ôter tout espoir et lui lier la volonté, on lui montra le testament, par lequel M. de Prévalon instituait son neveu de Normandie son légataire universel. Cette pièce, je n'ai pas besoin de vous le dire, était fausse. M. de Prévalon, surpris par la mort et se croyant sûr de n'avoir que l'héritier de son choix, n'avait pas fait de testament. Il était cependant parfaitement vraisemblable qu'il en eût fait un. La pauvre femme tomba dans le piége. On lui persuada que révéler les liens qui l'attachaient à l'orgueilleuse famille de Prévalon serait se faire une ennemie mortelle de la comtesse, qui, cependant, était si bien disposée à son égard, qu'elle voulait se charger d'elle et de ses enfants. Elle n'en demandait pas davantage sans doute, et elle consentit à retourner à Paris. En y arrivant, elle tomba gravement malade et mourut. La comtesse, qui ne la perdait pas de vue, vous prit. Julien et elle firent semblant de se séparer fâchés ; il alla à Paris manger la grosse pension qu'elle lui faisait secrètement, et la comtesse crut le danger passé. Il l'était selon toute apparence, car personne au monde que Julien et elle ne connaissait l'affaire. Le médecin de Prévalon, qui avait visité votre mère souffrante avant qu'on lui eût scellé les lèvres, avait bien entendu une demi-confidence, mais c'est un homme simple et peu curieux, qui n'avait garde de chercher à deviner la vérité tout entière.

— Mais vous avez parlé de plusieurs enfants, monsieur, dit l'abbé, que la clarté et la vraisemblance de ce récit commençaient à convaincre, ai-je des frères ? des sœurs ? que sont-ils devenus ?

— Vous aviez un frère, baptisé comme vous, à Saint-Étienne du Mont, sous le nom de Michel, et envoyé, comme je vous l'ai dit, en nourrice chez vos parents maternels. Mme de Prévalon, votre mère morte, envoya une somme d'argent, et jugea inutile de s'en occuper davantage pour ne pas éveiller les soupçons. Il était, comme vous, inscrit sur les registres de l'État civil sous le nom de Michel, personne ne savait le véritable nom de l'ouvrier imprimeur, il n'y avait donc rien à craindre de ce côté.

— Et comment avez-vous été mis au courant de tout ceci, monsieur ? m'est-il permis de vous le demander ?

— Oh ! certainement ; le hasard a tout fait. Votre frère, de trois ans plus âgé que vous, s'était marié et avait suivi sa famille maternelle, qui faisait partie d'une colonie de sabotiers, habitant la forêt de Loudéac. Une affaire m'appela dans les environs. Son beau-père avait en ce moment un petit procès pour je ne sais quel misérable héritage, il me consulta et me donna une vieille liasse de papiers à examiner. Parmi ces papiers, je trouvai une lettre qui éveilla ma curiosité. Cette lettre était écrite par votre mère à ses parents. Elle leur annonçait qu'elle allait se marier ; que son mari, qui portait le nom de Michel, était un grand seigneur que la mort d'un parent pouvait un jour ou l'autre faire devenir très-riche ; qu'il lui avait caché son mariage, mais que ses enfants seraient légalement ses héritiers. Tout cela ne m'apprenait pas grand'chose, c'était peut-être un de ces romans avortés comme on en rencontre ; mais la lettre était sous enveloppe, et sur l'étroit cachet de cire rouge il y avait une empreinte à demi effacée. Je reconnus les armes de Prévalon. Elle avait trouvé sous sa main quelque vieille bague armoriée et s'en était servie comme d'un cachet. J'emportai sans en rien dire le précieux papier, et, comme je soupçonnais un mystère d'iniquité, je me livrai à des recherches sur Bertrand de Prévalon. Je ne pouvais soupçonner que lui. Il m'a fallu des années pour arriver à retrouver ses traces et les pièces nécessaires pour établir son mariage et la légitimité de ses enfants, car ses parents maternels ne se rappelaient même plus le nom du bourg où avait séjourné leur fille dans les premiers temps de son mariage. Une fois bien convaincu que ce jeune homme, qui, ainsi que sa femme, est venu mourir à une des extrémités de la forêt même de Prévalon, était le fils de Bertrand, je me suis épuisé à chercher ce qu'était devenu l'autre enfant, sur lequel personne ne pouvait me renseigner. Je ne savais qui vous étiez, j'ignorais même votre nom, beaucoup de jeunes gens accompagnaient successivement M. Gaston au château ; on ne vous appelait que M. Charles, et il m'eût paru peu probable d'ailleurs que Mᵐᵉ de Prévalon eût conservé si près d'elle celui qu'elle avait dépouillé. Certains renseignements me manquaient donc encore pour arriver à la vérité complète. Je ne pouvais les avoir que par Julien, dont personne ne connaissait la résidence. Mᵐᵉ de Prévalon, après avoir longtemps exigé qu'il ne quittât pas Paris, lui a enfin permis, il y a un an à peine, de venir habiter près de Saint-Brieuc, avec défense formelle de reparaître à Prévalon ou aux environs. Il lui a désobéi, je l'ai revu, je lui ai parlé ; il m'a confié qu'un des héritiers avait été élevé chez la comtesse même, et qu'il s'était engagé ; et maintenant, preuves en main, je puis vous faire remettre en possession de la fortune et du nom qui vous appartiennent.

— Ainsi, je suis demeuré le seul héritier de Bertrand de Prévalon, monsieur ?

— Non, il y en a un autre.

— Quel est-il ?

— Cela, c'est mon secret. Je vous l'apprendrai plus tard, vous en savez assez maintenant pour ne pas vous engager à la légère et vous préparer à me soutenir dans la revendication de vos droits.

— J'ai toujours à vous remercier du zèle que vous avez déployé en cette affaire, monsieur ; et si l'amour de la justice vous a seul poussé à démêler les fils de cette intrigue et à chercher avec cette persévérance à faire triompher la cause d'orphelins abandonnés, inconnus, vous avez acquis un mérite devant Dieu.

Jérôme leva son regard perçant sur l'abbé, il rencontra son regard loyal mais aussi pénétrant que le sien. Les paroles menteuses qui venaient à ses lèvres s'y glacèrent, et, fronçant ses maigres sourcils :

— Je ne mérite peut-être pas ces pompeux éloges, monsieur, dit-il. Comme vous le dites, ces orphelins m'étaient inconnus et ne pouvaient si grandement m'intéresser. Nous sommes naturellement chercheurs, nous autres hommes de loi, et, une fois le nez sur une piste, on suit.

— Mais l'intérêt de cette famille avec laquelle vous

aviez des relations fréquentes, Mme de Prévalon elle-même...

Jérôme hésita un instant, et puis, se laissant soudain dominer par ses mauvaises passions :

— Mme de Prévalon, dit-il, je la hais. De tout temps, avant que j'eusse connaissance de cette ténébreuse affaire, je l'ai trouvée sur le chemin de mes intérêts. Elle est intraitable et méprisante, cette femme, et j'ai éprouvé une grande joie le jour où le sort m'a mis une arme contre elle entre les mains.

— Ainsi, vous l'avouez, monsieur, vous avez voulu surtout satisfaire votre haine.

Jérôme se leva.

— Il ne s'agit pas encore de savoir au juste les motifs qui m'ont fait agir, monsieur, dit-il sèchement. Quand il faudra vous faire reconnaître pour le propriétaire légitime de Prévalon, j'aurai l'honneur de vous les soumettre en même temps que mes conditions pour me dessaisir de ces pièces qui m'ont coûté tant de temps, de travail, de peines et d'argent. Je reviendrai un de ces jours, et nous en reparlerons.

L'abbé inclina gravement la tête, et le reconduisit jusqu'à la porte. Et quand elle fut refermée, il remonta dans sa chambre, s'assit devant la petite table nue, et, la tête plongée dans ses mains, s'abîma dans une méditation profonde.

Quelque ferme que fût cette âme, elle se sentait ébranlée jusque dans ses profondeurs. La tentation était violente, et, sous le coup de cette révélation soudaine, inattendue, l'ardente imagination du jeune homme délira un instant. Quittant sa froide et pauvre cellule, il se revit par la pensée à Prévalon. Il y était. La forêt immense, les fraîches prairies, les fermes opulentes, se développaient devant son regard. Il entrait la tête haute, en maître, dans ce salon magnifique où les anciens seigneurs de Prévalon revivaient dans leur cadre blasonné. Ces femmes d'une beauté radieuse et en riche toilette, ces hommes revêtus de leurs éclatants uniformes chamarrés de décorations, ces fiers personnages de tous les siècles qui regardaient passer le temps la main sur la garde de leur vaillante épée, étaient ses ancêtres. Lui, l'orphelin, l'abandonné, le protégé, lui qui, faute d'un nom, avait vu passer avant lui et au mépris des droits acquis l'épée à la main, des êtres qui lui étaient inférieurs ; il était le comte de Prévalon, il marchait de pair avec toutes ces puissantes familles auxquelles il s'était trouvé mêlé indifférent, et au don supérieur de l'intelligence qu'il possédait venait soudain se joindre le prestige de la naissance et de la fortune.

Quel rêve !

Son éblouissante vision fut brusquement interrompue

par l'entrée d'un séminariste. La cloche d'appel, pour l'exercice du soir, avait sonné, on ne l'avait pas vu à la chapelle et on venait savoir s'il était malade. Il répondit qu'il l'était, qu'il avait la fièvre, et c'était vrai. Il ne descendit pas ce soir-là au réfectoire, et, dans le silence de la nuit, ses voisins auraient pu entendre, jusqu'à une heure fort avancée, le bruit sourd d'une marche saccadée qui témoignait chez le futur sous-diacre d'une agitation inusitée.

On ne s'en émut pas. Les plus fervents ne dorment guère les nuits qui précèdent le jour solennel où ils vont enchaîner leur destinée du temps pour assurer leur destinée de l'éternité.

XVII

Pendant la semaine de la retraite qui précède l'ordination, tous les efforts de Jérôme Villeandré pour parvenir jusqu'à l'abbé Michel furent inutiles. Rien ne doit troubler les méditations de ceux qui vont consacrer leur vie à Dieu. Sur ce point, la règle est inflexible et n'admet pas d'exception. Le jour marqué pour la cérémonie, les portes de la chapelle du grand séminaire s'ouvraient toutes grandes pour laisser passer la foule qui venait assister à l'ordination. Dans la tribune réservée en grande partie aux parents des jeunes ordinands, parmi les humbles femmes et les paysans pieux, se faisait remarquer la famille de Prévalon. La comtesse seule manquait, une indisposition subite l'avait retenue à l'hôtel. Joseph arrivé un peu tard, n'avait pu ni aborder la tribune ni se placer contre la grille du chœur. Alors il avait pris le parti que beaucoup prenaient autour de lui, il était monté sur une chaise et il suivait avec un vif intérêt cette suite de majestueuses cérémonies par lesquelles l'Église consacre ses futurs ministres.

Il était là, les bras croisés, attentif, écoutant les chants sacrés redits par des centaines de voix sonores, les yeux sur ce chœur radieux au milieu duquel apparaissait l'évêque coiffé d'une mitre blanche, quand il sentit qu'on le tirait par un pan de son habit. Il baissa les yeux, c'était son oncle.

— Vois-tu de là les futurs sous-diacres? demanda-t-il.

— Parfaitement.

— L'abbé Michel n'y est pas ?

— Il y est.

— C'est impossible, regarde encore.

— Mais enfin, mon oncle, je l'ai vu, de mes yeux vu.

Jérôme demeura un moment abasourdi, et puis, s'adressant de nouveau au jeune homme :

— Ta place, un instant! demanda-t-il.

Joseph descendit, et la perruque rousse, jouet de l'infortuné Dick, domina les têtes environnantes.

Le regard du vieillard plongea dans le groupe des ordinands. Les futurs sous-diacres, revêtus de l'aube, un cierge à la main, étaient debout devant l'évêque. Au-dessus de toutes ces têtes, apparaissait la belle tête de Bertrand de Prévalon ; au milieu de ces visages pieux, mais timides et pâlis, se dessinait sa martiale et brune figure empreinte d'un recueuillement austère et profond.

Jérôme Villeandré, après l'avoir considéré un instant, se pencha vers Joseph.

— Est-il sous-diacre ? demanda-t-il.

— Pas encore.

— Donc il est libre. Que se passe-t-il? que vont-ils faire ?

Joseph consulta le Manuel qu'il tenait à la main.

— Le moment avance, dit-il, suivez avec attention, ou

plutôt faites que je voie, je vous annoncerai plus sûrement quand tout sera fini.

Jérôme, qui s'attendait presque à voir reculer l'abbé Michel à l'instant suprême, mit le pied sur une chaise voisine et Joseph remonta sur son observatoire.

L'évêque, assis et couvert de la mitre, parlait aux futurs sous-diacres placés debout devant lui, et on aurait pu voir encore pâlir ces visages pâles, quand il prononça ces paroles solennelles :

— Enfin, tandis qu'il en est temps encore, réfléchissez, et, s'il vous plaît de persévérer dans votre sainte résolution, approchez.

Et tous, faisant un pas en avant, allèrent tomber à genoux devant le prélat.

— C'est fini, mon oncle, dit Joseph, l'abbé Michel est sous-diacre.

Le pas décisif était fait. Bertrand-Charles de Prévalon appartenait à l'Église et foulait volontairement aux pieds l'existence brillante dont son imagination, quelques jours auparavant, lui avait déroulé les séduisantes perspectives. Il y a des âmes tellement hautes, que ce n'est point assez pour elles du bonheur que peut leur offrir un monde qui passe.

Jérôme Villeandré descendit de son observatoire et

quitta l'église. Il était agité ; cette vertu, ce désintéressement, l'écrasaient.

Comme il sortait du séminaire, il aperçut, appuyé contre une maison voisine, un homme qui, le chapeau enfoncé sur les yeux, semblait guetter quelqu'un au passage. A son grand étonnement, cet homme vint droit à lui.

— Enfin je vous trouve, monsieur Villeandré, dit-il d'une voix où vibrait la menace ; je vous ai assez longtemps cherché.

— Tiens, c'est vous, Julien, dit l'avare en dissimulant un mouvement de défiance ; que voulez-vous, mon bon ami ? Je suis pressé.

— Pourtant vous m'écouterez, monsieur, reprit Julien toujours sur le même ton ; vous m'avez soûlé, il y a huit jours.

— Moi ! allons donc !

— Vous m'avez soûlé, reprit le vieillard avec une énergie croissante, et vous m'avez fait parler, c'est-à-dire mentir.

— Non, mais non, répondit Jérôme qui sentait qu'il ne se débarrasserait pas facilement de son interlocuteur.

En effet, Julien, revenu à la raison, avait conçu de légitimes craintes sur les résultats de son entrevue avec

Jérôme Villeandré, et, bien qu'il ne se rappelât que confusément leur conversation, il en éprouvait une mortelle inquiétude.

— Est-ce bien vrai, monsieur? demanda-t-il en scrutant du regard la physionomie sournoise du notaire.

Mais ses yeux n'avaient ni la pénétration ni la puissance d'expression de ceux de l'abbé Michel, et Jérôme, qui ne voyait d'autre moyen d'échapper à ce danger que par le mensonge, mentit effrontément.

— C'est très-vrai, dit-il; et tenez, maintenant que vous m'y faites penser, j'aurais dû essayer de vous tirer les vers du nez, à propos de votre brouillerie avec Mme de Prévalon, qui n'a jamais été bien claire pour moi. Je n'y ai, ma foi, pas songé, j'étais venu faire une visite à mon neveu, il m'a emmené au Légué; je vous ai rencontré; cela m'a fait plaisir de voir un Prévalonnais. Nous avons joué et bu peut-être un coup de trop, mais du diable si vous m'avez rien dit de vos secrets! Et tenez, puisque nous y sommes, pourquoi ne vous a-t-on pas vu à Prévalon depuis la mort du comte? Il y a de vos parents qui se le demandent tous les jours.

— Cela ne les regarde pas ni vous non plus, monsieur Villeandré, répondit le vieillard avec une certaine rudesse, mais d'un air évidemment soulagé; je n'aime pas qu'on se mêle de mes affaires. Au revoir, monsieur.

Et il le quitta brusquement.

Jérôme Villeandré continua son chemin en riant intérieurement du succès de ses ruses et alla frapper à la porte de l'hôtel de Prévalon. Sur la réponse que Mme la comtesse étant indisposée ne recevait pas, il dit insolemment qu'elle le recevrait quand même, donna son nom et passa dans le salon de réception.

Quelques minutes plus tard, la comtesse y entrait elle-même.

Cette femme à la démarche majestueuse, à la physionomie hautaine, et ce petit vieillard courbé, déprimé, formaient une paire d'ennemis d'une dissemblance parfaite.

Malgré les efforts de Mme de Prévalon, son visage portait encore des traces de l'impression de pénible surprise que l'arrivée imprévue de l'avare lui avait fait éprouver. La fermeté générale de sa physionomie eût été démentie aux yeux de l'observateur par une contraction légère de la lèvre inférieure, qui lui donnait, sans qu'elle s'en doutât, une expression d'indicible amertume. Elle lui montra du geste un fauteuil au coin de la cheminée, s'assit elle-même en face et dit :

— Venez-vous pour me parler d'affaires, monsieur Villeandré ?

— Oui, madame, si toutefois cela vous convient.

Ceci était pour la forme. Solidement établi dans son fauteuil, les deux mains croisées sur sa canne, ce qui était tellement significatif que, quand il se trouvait à une vente et qu'il prenait cette attitude, on disait : « Harpagon sera l'acheteur, il a jeté l'ancre; » il avait l'air d'un homme qui s'est trop préparé au combat pour reculer.

— Alors, monsieur, je vous prierai de remettre cela à plus tard. Je suis extrêmement souffrante, et j'ai placé mes intérêts en si bonnes mains, que je ne vois pas qu'il soit urgent de m'en occuper. Vous avez, vous le savez bien d'ailleurs, pleins pouvoirs.

— Certainement Mᵐᵉ la comtesse me témoigne une confiance bien flatteuse ; mais, puisque je suis assez heureux pour la rencontrer, je ne laisserai pas échapper une si bonne occasion. Elle ne vient plus à Prévalon, et il est des choses qu'il n'est pas prudent de traiter par lettres. Madame la comtesse n'est-elle pas de mon avis ?

Mᵐᵉ la comtesse s'inclina silencieusement, elle devinait maintenant quelle était l'affaire dont son mandataire venait l'entretenir, et l'angoisse naissait. Elle ne le sentait que trop, cet homme rapace, à l'esprit subtil et méchant, n'avait pas dit son dernier mot.

— Je pense que vous l'avez deviné, madame, continua Jérôme ; je ne viens pas parler d'affaires, mais de notre affaire.

Il prononça ces mots *notre affaire* avec un son de voix strident qui résonna comme un glas aux oreilles de Mme de Prévalon.

— Les années passent, reprit-il, Mme de Prévalon restant muette, le temps de la prescription approche, et je suis bien décidé à en finir avec cette épineuse affaire qui jusqu'ici ne m'a causé qu'embarras et dépenses.

— Ah! monsieur, c'est aussi mon plus vif désir, s'écria impétueusement la comtesse en joignant involontairement les mains ; finissons-en, de grâce !

— Et de quelle manière, madame !

— Rendez-moi ces papiers, jurez-moi le secret, laissez-moi pourvoir à l'avenir de cet enfant que vous me cachez et auquel, j'en atteste le ciel, je ferai le sort le plus heureux, et pour cela demandez-moi ce que vous voudrez.

— Eh bien, madame, dit Jérôme, je vais vous poser mon ultimatum ; beaucoup de paroles sont inutiles dans l'occasion. Ce que je vais vous demander est le résumé de mes exigences, je vous en avertis, je n'en démordrai pas.

Il s'arrêta, baissa les yeux, et, les relevant hardiment sur la comtesse qui écoutait avidement :

— Partageons, dit-il.

A cette incroyable proposition, à cette parole insultante, qui faisait de Mme de Prévalon et de Jérôme Villeandré deux complices se faisant la part des dépouilles, le crime accompli, une rougeur ardente couvrit le visage décoloré de la comtesse, ses narines se gonflèrent ; en ce moment elle aurait donné sa fortune entière pour pouvoir appeler ses gens et leur dire :

— Jetez cet homme à la porte.

De toutes les tortures qu'elle avait subies depuis le jour fatal où, entraînée par son ambition, elle avait lâchement trompé la veuve de Bertrand de Prévalon, elle n'en avait pas subi de plus cruelle et de plus humiliante que ce mot qui faisait d'elle une sorte de voleuse vulgaire.

Le premier moment d'indignation passé, elle sentit le besoin de se relever aux yeux mêmes de cet accusateur qui pouvait la perdre, en même temps que dans sa propre estime.

— Partager, monsieur ! dit-elle avec dignité, de quel droit partageriez-vous ?

— Mon droit vaut le vôtre, il me semble, madame.

Les yeux de Madame de Prévalon lancèrent des éclairs.

— C'est ce qui vous trompe, monsieur, reprit-elle avec énergie, et je ne permettrai pas qu'on alourdisse ainsi la faute que j'ai commise. Cette fortune, dont, à vous entendre, je me suis emparée frauduleusement, à qui, en conscience et en fait, devait-elle appartenir? à moi. Et parce que je n'ai pas cru devoir laisser des héritiers désavoués par M. de Prévalon, profiter d'une négligence qui seule a causé tout le mal, laisserai-je jeter sur ma conduite l'odieux qui s'attache aux actes vils? Non. Personne ne peut ignorer quelles étaient les intentions de M. de Prévalon, et mettre l'œuvre du hasard à la place de sa volonté formelle, expresse, serait, j'ose le dire, une injustice.

— C'est possible, madame; malheureusement la loi n'en juge pas ainsi, et la preuve, c'est qu'avec les pièces que je possède maintenant et les preuves de votre culpabilité que j'ai enfin réunies, je puis demain vous faire ôter ce domaine qui vous appartient (il s'inclina ironiquement et ajouta) : en conscience. C'est pourquoi je ne me trouve pas exigeant quand je vous dis : Partageons.

— Mais c'est impossible, monsieur; comment voulez-vous que je partage le domaine de Prévalon en deux parts et que je vous en donne une. Que penserait le monde, que dirait mon fils? Autant vaudrait me dépouiller de tout et reconnaître les héritiers de Bertrand de Prévalon.

— C'est du reste ce qui arrivera, madame, si vous n'acceptez pas mes conditions. Donnez-moi toute latitude de vendre vos fermes éloignées et payez-moi en espèces. Le domaine vaut huit cent mille francs, j'en veux quatre cent mille.

— Mais c'est odieux, monsieur, ce que vous me demandez là ; mais ce serait impossible à expliquer à mes enfants.

— Ce n'est pas mon affaire. Refusez-vous ?

— Il le faut ; je ne puis vous accorder cela. Pensez-y, monsieur Villeandré, et revenez me faire des propositions plus acceptables. Demandez-moi cent mille francs, deux cent mille même, je vendrai jusqu'au dernier de mes diamants, s'il le faut, et vous les aurez dans un mois, mais c'est tout ce que je puis promettre.

— J'ai dit quatre cent mille, madame, dit Jérôme en se levant, et c'est mon dernier mot.

— Je ne puis le croire.

— C'est ainsi. Vous l'aurez voulu, madame, je ne vous prends pas en traître, préparez votre défense consciencieuse : avant peu vous en aurez besoin.

Il salua profondément et sortit.

La comtesse, pâle, les traits crispés, resta un instant debout en proie à une violente agitation intérieure. Puis, relevant brusquement la tête par un mouvement où tout l'orgueil de sa nature se révélait :

— Il n'oserait pas, pensa-t-elle tout haut.

XVIII

Le printemps était venu rendre à la forêt de Prévalon ses mélodieux murmures et son océan de feuillage. Autour d'elle, l'air se parfumait de senteurs vivifiantes et les oiseaux suspendaient leurs nids dans ses innombrables rameaux. Dans la route qui venait de D***, Joseph Villeandré cheminait, une canne à la main et un livre sous le bras. Cet élégant jeune homme, dont la lèvre supérieure était ornée de deux fines moustaches blondes, ne ressemblait pas au timide kloareck qui chevauchait naguère sur Mignonne avec Kolaz en croupe. Il n'était pas seul ; Réné Simontey l'accompagnait. Leur liaison était devenue très-intime en ces quelques mois, et Joseph, ayant obtenu un congé, lui avait proposé cette partie de campagne, après l'avoir averti du genre d'hospitalité qui l'attendait chez Jérôme Villeandré. Ils étaient venus en causant et ils se croyaient encore à une certaine distance de Prévalon, quand la flèche légère de l'église leur apparut au-dessus des marronniers du cimetière, qui avaient aussi reconquis leur épaisse couronne de verdure. Depuis qu'ils côtoyaient la forêt, René, grand admirateur des beautés champêtres, faisait de fréquentes haltes, et, quand quelque grotte profonde creusée dans les rochers bruns lui apparaissait au fond des sentiers lumineux, quand un arbre magnifique dressait ses branches immenses au coin d'un carrefour sombre, quand, par une percée du feuillage, son regard plongeait dans une vaste clairière où brillait l'eau dormante d'un petit lac, abreuvoir des chevreuils à l'oreille attentive et des cerfs aux pieds rapides, il prenait son album et jetait une esquisse sur la page blanche. Cette manière de voyager est agréable, charmante, c'est la manière des artistes, des hommes d'intelligence et de goût; mais en voyageant ainsi on n'avance guère. Cependant, comme nous l'avons dit, ils touchaient à Prévalon et ils hâtaient le pas : car Joseph, peu pressé de retrouver son tuteur, avait grande envie d'embrasser la bonne Catherine et de revoir ses amis prévalonnais, quand Réné s'arrêta court.

— Il ne manquait plus que cela, s'exclama-t-il ; vois donc, Joseph, le ravissant tableau, animé cette fois. Est-ce qu'il y a des nymphes dans la forêt de Prévalon ?

— J'en connais une, répondit Joseph en riant et en regardant dans la direction que Réné lui indiquait de la main.

Le tableau, en effet, ne manquait pas de charme.

Au fond d'une petite clairière s'élevaient dans le plus pittoresque désordre de gros rochers couverts de mousse : une petite source en jaillissait et courait en un frais ruisseau le long de la clairière humide.

Une jeune fille, les bras nus, penchant sa taille souple sur le petit bassin, tordait quelque chose entre ses mains, et l'eau en dégouttait brillante. Elle n'avait qu'un peignoir de couleur sombre, mais par les mouvements qu'elle avait faits, ses cheveux s'étaient dénoués, et elle avait les épaules littéralement couvertes d'une magnifique chevelure blonde que le soleil parsemait de sequins d'or.

— Je ne croyais pas si bien dire, reprit Joseph ; c'est Claire Beautier, une de mes cousines, non, une de mes sœurs. Je vais lui dire bonjour ; mais ne te montre pas, elle est sauvage et elle rougirait de paraître ainsi devant un étranger.

— Va, dit Réné, je suis invisible.

Joseph grimpa lestement au fossé, sauta dans la clairière et en une seconde fut auprès de la jolie laveuse, qui, en l'apercevant, bondit en arrière et fit un mouvement comme pour s'enfuir.

— Ce n'est que moi, dit Joseph en l'arrêtant par le bras.

— Toi, c'est toi ? répondit Claire en écartant des deux mains ses grands cheveux pour le regarder.

Et elle ajouta craintivement :

— Comme tu es changé !

— D'habit, riposta Joseph en riant, de cravate, de coupe de cheveux et de gilet, mais pas de cœur ni de sentiment, ma sœur Claire.

La figure expressive de Claire perdit soudain sa timidité.

— Attends, dit-elle, je vais faire sécher ce tablier et je reviens.

Elle alla à un noisetier qui se trouvait en plein soleil, secoua le tablier l'étendit et revint vers Joseph après avoir relevé ses cheveux et abaissé ses manches.

— Tout le monde va bien à Prévalon ? demanda Joseph.

— Oui, excepté mon père.

— Mais toi-même ? je te trouve pâle, Claire.

La jeune fille mit sa tête dans ses mains encore humides, et Joseph vit des larmes rouler lentement sur ses doigts rougis par l'eau.

— Tu as du chagrin, demanda-t-il en baissant instinctivement la voix.

— Oh! oui, répondit Claire en tournant vers lui son visage ému et triste. Si tu savais ce qui s'est passé....

— Dis-le-moi, ma petite Claire.

— D'abord Émile est parti pour Paris, ce qui a fait une peine affreuse à mon père. Que deviendra le pauvre garçon? Nous tremblons d'y penser, car il n'a pas le talent qu'il se croit ; il est pauvre et la tête est faible. Ensuite les affaires ont empiré, et le principal créancier de papa menace de nous renvoyer de cette propriété sur laquelle il a des hypothèques. Et s'il faut que mon père quitte cette maison qu'il aime, il en mourra. Que veux-tu ! c'est sa manie, et il est si bon ! Depuis que monsieur.... que ce créancier lui a dit cela, il est devenu tout triste et tout singulier. Le jour où il en sortira, il en éprouvera un chagrin mortel.

— Est-ce qu'il n'y a pas moyen de fléchir cet homme?

— Non. J'ai été le supplier d'attendre encore quelque temps, de laisser à mon père vendre, sans trop de perte, ses terres éloignées, il m'a refusé, et nous sommes à la veille d'être dépossédés. C'est son droit, je n'en disconviens pas, mais pourtant un ami, un parent....

— Un parent! qui donc, Claire?

— Je ne devrais peut-être pas te le dire, mais tout le monde te le dira. C'est ton oncle Villeandré.

— Mon oncle! s'écria Joseph; il aurait l'indignité de vous traiter ainsi, lui qui est riche et sans enfants! Console-toi, Claire, je vais lui parler, et, s'il ne veut pas consentir à attendre, je ne le revois de ma vie.

— Il te refusera, comme il m'a refusé, dit Claire douloureusement.

— Peut-être; ce soir j'irai t'en donner des nouvelles. Est-ce que tu restes là?

— Oui, j'attends mon père; il est allé visiter la grande futaie et choisir des arbres qu'il veut acheter à Mme de Prévalon. Tous les jours il a de ces fantaisies, tous les jours il fait un nouveau projet, il arrange une nouvelle construction. Hélas!

Joseph la quitta en lui disant d'espérer et rejoignit Réné, qui, s'étant commodément adossé contre un gros chêne planté sur le fossé, avait assisté de loin à son entrevue avec Claire.

— La nymphe reste dans ses bois? demanda-t-il.

— Oui. Pauvre Claire! Elle est charmante, n'est-ce pas?

— Charmante, c'est le mot.

— Allons, dit Joseph, allons vite ; je me suis chargé d'une commission que j'ai hâte de remplir.

Ils pressèrent le pas, et, quelques minutes plus tard, ils s'arrêtaient devant la petite maison occupée par la diseuse de prières et où demeurait Catherine.

— Entre le premier, dit Joseph, je veux la surprendre.

Réné entra. Dans la cuisine, resplendissante de propreté, auprès de l'âtre où brûlait un petit feu de tourbe, filait Catherine. La petite maison était obscure. Quand Réné entra, Catherine arrêta brusquement le mouvement rapide de son rouet et jeta un cri en se levant à demi. Mais, se rasseyant aussitôt :

— Jésus ! dit-elle, j'ai cru que c'était.... Que voulez-vous, monsieur ?

— Je viens vous donner des nouvelles de Joseph, ma bonne Catherine.

— Ah ! le cher enfant, j'étais à y penser tout à l'heure quand vous êtes entré ; j'y pense toujours, pour dire le vrai. Asseyez-vous, monsieur.

Elle se leva et offrit sa chaise.... l'unique.

— Et comment va-t-il, monsieur ? viendra-t-il bientôt ? a-t-il trouvé mes crêpes bonnes ? Kolaz m'a dit que oui ; mais le petit démon riait en disant cela. Pourtant j'avais mis des œufs dedans, et, en les levant de dessus la poêle, elles étaient fines comme de la dentelle. J'ai quelquefois pensé que ce petit Kolaz les avait gardées pour lui.

— Non, ma bonne, s'écria Joseph en se montrant.

— A cette chère voix, Catherine faillit tomber à la renverse, et puis, se raffermissant sur ses jambes, elle prit à deux mains la tête blonde de Joseph et l'embrassa une dizaine de fois avec une telle force, qu'en échappant à cette étreinte, ses cheveux coquettement ondulés se gonflaient sur son front et que ses joues semblaient enluminées.

— Dieu me pardonne! il a encore grandi, s'exclama Catherine en le toisant du regard; et, ajouta-t-elle avec un geste admiratif, il a des moustaches. Mais ce n'est pas de ça qu'il s'agit, reprit-elle; quand te mets-tu en ménage?

— Oh! j'ai le temps, dit Joseph en échangeant un sourire avec son ami; je ne suis pas encore majeur, ma bonne.

— Eh bien, oui! mais voilà Titine qui va sortir de pension et qui préférerait cent fois rester à son couvent que de venir chez ce vieil infâme de Jérôme Villeandré.

— Nous reparlerons plus tard de tout ceci, ma bonne;

j'ai voulu seulement t'embrasser. Maintenant je cours chez mon oncle. Je reviendrai souvent. Viens-tu, Réné ?

Ils sortirent.

— J'ai quelque chose de particulier à dire à mon oncle, dit Joseph. Je te ne demande que cinq minutes.

Comme ils se séparaient, la porte de la mairie s'ouvrit, et il en sortit un flot d'enfants. Ils se précipitèrent en courant dans la place avec de grands éclats de rire. L'un d'eux avait attrapé un chapeau et s'amusait à le jeter en l'air, malgré les cris du propriétaire. Celui-ci atteignit enfin le mauvais plaisant, qui, saisissant le chapeau, le lui enfonça jusqu'aux yeux. Ce beau coup fait, il lança à droite et à gauche quelques coups de pied pour se faire place et s'éloigna gravement, les mains dans les poches. Joseph courut après lui, car dans cet écolier en sabots qui régentait ainsi ses condisciples il avait reconnu Kolaz.

Kolaz, comme toujours, témoigna une grande joie en le revoyant.

— Comment, tu vas à l'école ? dit Joseph.

— Oui, monsieur. Votre oncle a sans doute trouvé que j'usais trop de sabots et il me force à m'enfermer dans cette triste classe. Mais, ajouta-t-il en haussant sa tête crépue, je crois, puisque vous voilà parti pour tout de bon, que je prendrai l'air un de ces jours,

— Et où irais-tu, mon pauvre Kolaz ?

— Sur mer, monsieur. Pierre, le gars à la vieille rebouteuse du Petit Douez, m'a dit que la fleur des maronniers ne serait pas loin quand il reviendrait, et qu'après avoir passé quelques jours au pays il m'emmènerait à Marseille. J'ai regardé les feuilles grandir, la fleur vient, et Kolaz sera mousse.

— Et Mignonne ?

— Mignonne mourra de faim avant longtemps, monsieur. Tous les jours il lui diminue sa ration et la pauvre bête agonise. C'est pour elle que je reste, seulement pour elle ; si elle meurt avant que Pierre arrive, je le quitte, quand je devrais aller garder des vaches enragées sur la lande de Bel-Air.

Comme Kolaz finissait cette énergique protestation, ils arrivaient devant la maison de l'avare. Sans les épais volets ouverts, on l'aurait prise pour une maison inhabitée, tant elle était silencieuse et sans mouvement. Kolaz ouvrit la porte et Joseph monta chez son oncle. Contre son habitude, il marchait à pas pressés dans son appartement.

Quand la porte s'ouvrit, il se détourna.

— Comment, c'est toi, dit-il, que viens-tu faire ici ?

La question était aimable ; mais Joseph, occupé de la supplique qu'il allait adresser, n'y fit pas attention.

— Mon patron m'a donné huit jours de congé, dit-il.

— Ah! diable, cela m'étonne; il n'est pas tendre, maître le Bigot, en affaires du moins, répliqua Jérôme.

Et regardant son neveu des pieds à la tête :

— Oh! oh! dit-il, tu as fait peau neuve, il me semble; tu as, ma foi, l'air d'un dandy. Toutes ces nippes coûtent cher, et, si tu commences à ouvrir des crédits chez les tailleurs, tant pis pour toi. As-tu quelque chose à me dire. Aujourd'hui je n'ai pas de temps à perdre. J'ai sur les bras une affaire qui m'occupe exclusivement.

— Je ne vous importunerai pas longtemps, mon oncle; mais j'ai appris que les affaires de mon oncle Beautier se brouillaient, et, comme je sais aussi que vous êtes son principal créancier, je viens vous demander comme une grâce de suspendre toute poursuite et surtout de le laisser arranger ses affaires de manière à conserver sa maison. Sa fille me l'a dit : « S'il faut qu'il en sorte, il en mourra de chagrin. »

— Il en sortira pourtant, et avant peu, répondit durement Jérôme. Je ne me soucierais ma foi pas de la bicoque qu'il a fait bâtir, mais elle se trouve sur un terrain qui m'appartient. Beautier est un fou, tant pis pour lui.

— Mais, mon oncle, ce que vous faites là est inhumain, cruel, odieux. Jeter ainsi à la porte de sa maison un parent, je vous en supplie, ne le faites pas.

— Je le ferai, et quand tout Prévalon s'y opposerait, c'est mon droit.

— Eh bien ! c'est aussi mon droit d'échapper à votre autorité, s'écria impétueusement Joseph ; et, puisque vous êtes un être sans cœur et sans entrailles, je vais me faire émanciper, et, de ce jour, nos relations finissent.

— Tu le prends de bien haut, mon jeune coq ; il paraît que les ergots ont poussé, dit Jérôme avec aigreur ; mais je ne souffrirai pas que mes pupilles se révoltent.

— Je me révolterai pourtant, monsieur, répondit Joseph avec la fermeté d'un homme, et je vous le répète, tout est fini entre nous, si vous n'accordez pas le délai que je vous demande.

— Va donc, jeune fou, dit violemment Jérôme Villeandré, et, si tu te ruines, ne crois pas que je te vienne en aide. Pas une obole de ma fortune n'ira à un dissipateur, entends-tu ?

— Votre fortune ! j'en méprise l'origine, s'écria Joseph fièrement ; et comme j'espère toujours rester un honnête homme, je ne veux pas d'un argent souillé par l'injustice.

Et il sortit sur ces foudroyantes paroles qui avaient fait rougir jusqu'aux tempes la figure parcheminée de l'avare. Malgré l'abjection de sa nature, ce mépris chez son héritier stupéfiait et humiliait Jérôme Villeandré.

Joseph rejoignit Réné, qui l'attendait sur la place.

— Nous avons encore pour cinq minutes de marche, dit-il, je t'emmène au Chêne chez mes parents Dartel, chez lesquels tu trouveras, je te le promets, l'hospitalité la plus cordiale et l'accueil le plus empressé.

XIX

La grande salle du château de Prévalon présentait un aspect inusité. L'ameublement de damas de soie ordinairement revêtu de housses préservatrices montrait son riche et brillant tissu ; nulle gaze ne venait éteindre l'éclat des dorures des cadres sculptés, des trumeaux immenses et des portraits de famille. Dans la vaste cheminée un grand feu brûlait. Ce n'était pas encore fête au château, mais un grave événement se préparait. Après de longs préliminaires, Alix de Prévalon venait d'être fiancée au vicomte Roland de la Chassenaye de la Roche-Rousse. La grande salle avait été évacuée un instant par la partie jeune de la société, et deux personnes seulement s'y trouvaient. L'une était la comtesse de Prévalon. Une joie orgueilleuse éclatait sur ses traits, et cette joie ne venait pas de ce que sa petite-fille épousait un homme de son choix, un homme dont le caractère offrait toutes les garanties de bonheur ; mais de ce qu'elle faisait un magnifique mariage, de ce qu'elle épousait un homme d'une naissance illustre et dont la fortune était supérieure à la sienne.

Elle avait conclu une sorte de trêve avec ses préoccupations pénibles, avec la menace qui restait suspendue sur sa tête comme l'épée nue de Damoclès, et sa figure vieillie, mais assez belle pour braver longtemps les inévitables ravages du temps, empruntait d'une satisfaction intérieure rarement éprouvée, je ne sais quel reflet de son éclat passé. Sa toilette rappelait le temps où, tout occupée de la conservation de sa beauté, elle y apportait un soin minutieux, une attention scrupuleuse. Une robe de velours noir amincissait sa taille qui avait perdu sa grâce, mais non sa majesté ; elle avait peu de bijoux, mais ceux qu'elle portait étaient d'un haut prix, et sur ses cheveux à peine grisonnants était posé un bonnet de dentelle et de fleurs. Ainsi parée, assise dans sa chaise à dossier sculpté, c'était la plus belle aïeule qui se pût imaginer. A ses côtés se tenait le père du futur époux, le marquis de la Chassenaye de la Roche-Rousse.

C'était un homme grêle, d'âge moyen, mais rachetant sa laideur physique et la vulgarité de son extérieur par une physionomie intelligente et les manières d'urbanité parfaite et de politesse excessive qui donnent aux hommes les moins bien doués je ne sais quel charme aristocratique qui plaît aux natures distinguées.

— Mon cher marquis, disait la comtesse avec cette familiarité de bon ton que leurs relations futures autorisaient, je suis vraiment touchée de la générosité qu'a montrée en cette occasion madame votre sœur.

— Ma sœur, madame, aime son neveu follement, et quand elle l'a vu si malheureux des petits démêlés survenus, elle n'aurait reculé devant aucun sacrifice. Sans m'en prévenir, Roland avait écrit à sa tante, et maintenant je ne saurais l'en blâmer. On ne renonce pas facilement à une femme aussi complètement charmante que Mlle de Prévalon.

— Alix est une bonne enfant, aimante, spirituelle et d'une beauté...

— Héréditaire, madame, dit le marquis en s'inclinant.

— Vous êtes un flatteur, marquis ; non, c'est sympathique que je voulais dire.

— Cela peut aller ensemble et je n'aurais garde de protester. Nous dirons donc héréditaire et sympathique.

— Soit, mais M. Roland n'a rien à envier à ma petite-fille. Cela fera un couple des mieux assortis, et j'aurais été désolée de voir manquer ce mariage pour une question d'argent. Mais que voulez-vous ? il faut bien le dire, cette question ne peut être écartée. A des maisons comme les nôtres, marquis, il faut une grande fortune. N'êtes-vous pas de mon avis ?

— Entièrement, madame, et cependant, par la division des héritages, les fortunes tendent progressivement à diminuer.

— Et c'est un grand malheur. Dans nos familles mieux vaudrait s'éteindre que déchoir, et, pour soutenir un grand nom, il faut une grande fortune.

Comme la comtesse achevait ces mots, la porte s'ouvrit devant la vicomtesse Alix, l'abbé Michel et Gaston. Alix et Roland de la Chassenaye entrèrent les derniers. Dans ce jeune homme, Joseph eût reconnu celui dont la vue avait fait évanouir, comme par enchantement au fond de son cœur, je ne sais quel fol espoir sur lequel il avait fermé les yeux.

Ainsi que l'avait dit la comtesse, les deux fiancés formaient un couple charmant, et, on le devinait, au-dessus des considérations de grandeur, de fortune, de position, planait un sentiment plus noble en son essence et qui se fût passé au besoin de tous ces brillants avantages.

Le petit dérangement occasionné par l'entrée du reste de la famille avait à peine cessé quand la porte se rouvrit devant Christian.

Il se découvrit, et, les joues empourprées, le regard étincelant :

— Mon père, dit-il, venez, je vous prie, mettre à la raison un insolent huissier qui vient d'insulter la comtesse de Prévalon devant tous nos gens.

— Et tu ne l'as pas fait mettre à la porte, Christian ? répondit son père en se levant.

— Gaston, arrêtez, dit la comtesse dont une pâleur mortelle avait couvert le visage aux paroles de son petit-fils, c'est à moi de parler à cet homme.

Elle voulut se lever ; mais ses jambes chancelèrent et elle retomba sur son fauteuil.

— Ma mère, ne vous émouvez point ainsi, dit Gaston en s'approchant d'elle : Christian a peut-être mal compris.

— Mal compris ! s'écria Christian dont la colère juvénile n'était point calmée. J'étais dans mon droit en lui défendant de traverser les pelouses, et il m'a répondu à moi-même et devant deux de nos domestiques qu'il ne prendrait pas un autre chemin, car il était pressé. Et comme je le lui défendais de nouveau en lui disant que Mme de Prévalon ne permettait pas cela, il m'a dit en me montrant un papier :

« — Voici qui rabattra le caquet de Mme de Prévalon et le vôtre aussi, mon jeune monsieur. Mme de Prévalon prend trop de soin, vraiment, du domaine qu'elle a volé et qu'on va lui faire rendre. »

L'effet que ces paroles produisirent ne peut se rendre. Il semblait que l'air du salon fût devenu étouffant et oppressât toutes ces poitrines.

Alix et Roland se regardaient vaguement effrayés ; le marquis de la Chassenaye, la vicomtesse et Gaston examinaient la comtesse pâle, muette, terrifiée et comme clouée sur son siége ; l'abbé grave et ému restait les yeux baissés.

— Christian, viens, dit tout-à-coup Gaston, chez lequel l'attitude de sa mère faisait naître un soupçon indéfinissable et pourtant poignant.

En ce moment la porte s'ouvrit devant un domestique. Il tenait un papier à la main.

La comtesse fit un nouvel effort pour se lever ; mais Gaston, la prévenant, marcha vivement vers la porte, s'empara du papier et y jeta les yeux. Et puis il les releva sur sa mère, qui avait marché péniblement vers lui.

— Ton bras, Gaston, demanda-t-elle d'une voix rauque.

Gaston detourna son visage pâle et sombre.

— Christian, dit-il froidement, conduisez votre grand'-mère dans son appartement.

Christian s'avança et arriva à temps pour recevoir dans ses bras la comtesse évanouie.

Pendant qu'on lui prodiguait les soins nécessaires, M. de la Chassenaye disparut un instant, et, revenant presque aussitôt :

— J'ai dit d'atteler, nous allons partir, Roland, dit-il en regardant son fils d'un air qui ne lui laissait aucun droit de protestation.

Et, murmurant quelques paroles confuses à l'oreille de Gaston qui était resté immobile à la même place, il se hâta de sortir. Sa voiture attelée l'attendait dans la cour.

Ils y montèrent, et, pendant que le cocher prenait ses dernières dispositions :

— Mon père, dit Roland d'une voix émue, quelle que soit cette affaire qui paraît jeter la consternation et la stupéfaction dans la famille de Prévalon, vous n'aurez pas, je l'espère, l'idée d'y voir un obstacle à mon bonheur.

— Nous verrons, nous verrons, répondit le marquis, il y a du louche là-dedans, ne précipitons rien.

Et il ajouta à demi-voix :

— C'est elle-même qui l'a dit : « Pour soutenir un grand nom il faut une grande fortune. »

Roland n'entendait plus, la voiture était partie, et, tourné vers le château, il interrogeait avidement du regard la sombre façade, espérant apercevoir sa fiancée.

Il ne la vit pas, et cependant elle était là, suivant de l'œil cette voiture qui s'enfuyait si rapidement, hélas! et pleurant déjà sur ses rêves de bonheur peut-être évanouis.

XX

Le surlendemain matin, il y avait grande rumeur au bourg de Prévalon. Des attroupements se formaient. On racontait de cent façons l'histoire de l'avant-veille ; on savait qu'au château la consternation régnait, et que la comtesse allait quitter pour toujours Prévalon dont on lui disputait la possession. Cette dernière nouvelle réjouissait tout le monde. Mme de Prévalon s'était fait détester par sa morgue et sa froideur hautaine. Les pauvres mêmes qu'elle secourait largement ne lui avaient aucune reconnaissance. Jamais son orgueilleux visage ne s'était penché vers eux avec bienveillance ; jamais la charité, cette douce vertu, n'avait, en apparence du moins, accompagné ses dons. Aussi était-ce un cri général d'allégresse. Quand il est surexcité par ses passions, le peuple devient volontiers ingrat. En ce moment, tout entier à ses haines, il allait jusqu'à oublier les bienfaits de celle qu'il appelait « la chère dame » et la gracieuse bonté de ses enfants. L'épicier et le débitant de tabac s'étaient même entendus pour donner un charivari à la comtesse quand elle passerait par le bourg, et il fallait qu'elle y passât. On avait recruté tous les vagabonds en disponibilité, et de chaque maison sortaient des gens armés d'instruments de formes diverses. Des émissaires secrètement envoyés au château devaient prévenir du moment du départ, et la foule attendait frémissante, prête à lancer un dernier et suprême outrage à la fière comtesse. Quand une statue tombe de son piédestal, des mains se lèvent toujours pour lui jeter des pierres et des souillures.

L'idée du charivari avait été trouvée délicieuse par nos bonnes connaissances, Mmes Beautier et Dorcourt. La première, accompagnée de sa fille Lucie, courait, au mépris de toute dignité, parmi la populace prévalonnaise, et se ménageait une position dans la place même. La seconde, retenue par le respect humain, se serait volontiers plainte de sa grandeur qui l'attachait au rivage. Elle était bien entrée en pourparlers avec le marchand de sabots du coin pour avoir une place derrière ses vitres, mais les vitres n'étaient guère transparentes. Or, si elle ne veut pas être aperçue, elle veut à tout prix délecter ses yeux de la confusion qui ne peut manquer d'être empreinte sur le visage de sa rivale en orgueil ; elle veut voir, dans son humiliation, cette femme qui a fait peser si lourdement sa grandeur nobiliaire sur l'obscurité de la petite bourgeoise. Pour cela elle se porterait à tous les excès, et ce qu'elle craint, c'est que la voiture ne soit si bien fermée que son regard ne puisse rencontrer le visage de Mme de Prévalon.

Claire Beautier, après s'être en vain énergiquement opposée à la sortie de sa mère et de sa sœur, avait fait taire sa honte et s'était rendue au Chêne. Tous les habitants était atterrés, et Laurence, qui venait d'apprendre que Mme de Prévalon avait rendu sa parole à M. de la Chassenaye, et que malgré la résistance de Roland le mariage allait se rompre, Laurence était triste en pensant au chagrin d'Alix. A l'arrivée de Claire, il fut décidé qu'on irait faire sur-le-champ une visite au château, et ils partirent.

Pendant qu'ils allaient généreusement porter à la famille éprouvée l'hommage de leur sympathie, l'agitation croissait dans le bourg. Un courrier venait d'arriver en annonçant que la calèche était attelée. L'épicier se plaça prudemment derrière sa troupe prêt à donner le signal du vacarme, et les enfants trépignaient de joie en brandissant leurs instruments, quand l'équipage apparut au haut de la place. Le chef donna le signal convenu, mais aucun bruit discordant n'y répondit. La calèche était découverte. Auprès de la comtesse à demi affaissée sur les coussins se montrait le visage aimé de la vicomtesse Alix ; sur le banc de devant s'asseyaient l'abbé Michel et Christian, qui tournait son fier et charmant visage vers le groupe malveillant. Les passions de la foule sont mobiles, un rien les rallume et un rien les éteint.

On avait compté sur une fuite sournoise, honteuse. Ce départ, qui avait bien sa dignité, déconcertait les calculs, et sur la figure animée des ouvriers prévalonnais le respect remplaça soudain l'insolence. Et puis d'ailleurs, on avait bien voulu se liguer contre l'orgueilleuse comtesse qu'on n'aimait pas ; mais insulter cette bonne dame qui avait toujours si charitablement secouru les pauvres et donné de l'ouvrage aux ouvriers sans travail, mais insulter ce prêtre et ce beau jeune homme dont on était fier dans tout Prévalon, qui donc l'aurait osé ? Non-seulement pas un cri insultant ne fut jeté, pas un bruit insolite ne se fit entendre ; mais, quand la voiture passa lentement devant le front du rassemblement, toutes les têtes se découvrirent. L'abbé et Christian saluèrent, la vicomtesse inclina la tête avec un mélancolique sourire, la comtesse demeura immobile. Les émotions l'avaient brisée. Sous son voile on pouvait remarquer la pâleur et l'altération de son visage, et cependant elle emportait le pardon de son fils, et elle avait devant elle un des héritiers de Bertrand de Prévalon.

— Cela valait-il la peine de nous déranger pour les saluer, demanda un homme à l'air hargneux : si au moins nous houpions un peu maintenant.

— Houpe, si tu veux, dit le caporal en levant à demi son tire-pied qu'il tenait à la main ; mais, si tu le fais je te casse ceci sur le dos.

Sur cette parole énergique que le révolté ne jugea pas à propos de relever, le groupe se sépara. Mme Dorcourt dépitée reprit le chemin de sa maison, escortée par Mme Beautier et Lucie, qui se plaignaient hautement de la tournure que les choses avaient prise.

XXI

Un peu au delà du Chêne il y avait une pauvre masure qui appartenait à Jérôme Villeandré. Quelques

semaines après les événements racontés plus haut, il
se dirigeait vers cette maisonnette d'un pas délibéré
qui révélait un grand contentement intérieur. Il était,
en effet, des plus satisfaits. L'affaire du château de
Prévalon marchait à souhait, malgré la renonciation
complète, absolue, de l'abbé Michel ; depuis un mois
il faisait tous les jours, et sans frais, des recouvrements
considérables, il était débarrassé de sa tutelle, et de ce
pas il allait gaiement commettre une mauvaise action.
Dans cette cabane d'argile, qui était sa propriété, vivait
une vieille femme infirme avec sa petite-fille. Elle n'avait
pu payer sa Saint-Michel, son fils, qui était matelot,
n'étant pas revenu au pays. C'était en vain qu'elle avait
prié l'avare de lui accorder un délai, d'attendre le retour de son fils, il avait fait la sourde oreille et il l'avait
avertie de déguerpir au plus vite puisqu'elle devenait
insolvable. La vieille femme n'avait pas tenu compte
de cet avertissement. Alitée comme elle l'était, elle ne
pouvait songer à un déménagement. Jérôme Villeandré
ne dit rien, selon son habitude ; mais, ayant trouvé un
autre locataire, il venait le matin même d'ordonner à
deux hommes de vider la cabane de la veuve quoi qu'elle
pût dire ; et il allait voir si ses ordres avaient été exé-
cutés. Ils l'avaient été, on lui avait obéi aveuglément,
et un spectacle vraiment digne de pitié se présenta à ses

regards quand il arriva devant la cabane. La table boiteuse et les pauvres objets de ménage gisaient sur l'herbe, dans l'unique vieux lit clos frissonnait la pauvre vieille femme. Car une pluie fine mouillait les ballins qui la couvraient, et auprès-d'elle sa petite-fille sanglotait à fendre l'âme. Ses cris avaient attiré quelques habitants du bourg, et, quand Jérôme Villeandré parut, un murmure menaçant s'échappa du groupe.

Sans y prêter la moindre attention, il se mit à examiner de près les misérables meubles. Sa revue fut interrompue par un ouvrier, qui lui demandait de permettre qu'on replaçât le lit au moins jusqu'au lendemain.

— Il n'y rentrera pas, répondit durement l'avare ; les autres locataires vont arriver.

— Mais au moins, monsieur, laissez-le mettre dans la petite étable. Voilà plus de quinze jours que la vieille Jeanne est malade ; si elle reste sous cette pluie, elle en mourra.

— Qu'elle en meure, la vieille sorcière ! s'écria Jérôme en repoussant avec colère une chaise dont les barreaux lui étaient restés dans la main, elle m'a fait assez de tort comme cela. Voilà un an qu'elle habite ma maison sans me rien payer, et je ne trouverai pas même de quoi rentrer dans mes déboursés en faisant vendre ses meubles pourris.

— Mais, monsieur, la pauvre chrétienne n'est pas cause si son fils...

— Son fils est un coquin qui boit sa paye dans les auberges de Marseille, s'il n'a pas servi de dîner aux poissons, répondit avec humeur le vieil avare.

En ce moment, une sorte de hourra s'éleva dans la partie la plus éloignée du groupe.

— Notre-Dame! c'est lui-même, s'écria celui qui intercédait charitablement. Bravo! matelot. Rangez-vous, vous autres.

Un homme de formes athlétiques, vêtu en matelot, accourait, et, comme on se rangeait sur son passage, il tomba comme une bombe auprès de Jérôme Villeandré, qui en fit un saut en arrière. Il jeta un regard rapide autour de lui, et, quand son œil tomba sur la figure hâve de sa mère, les veines de son front se gonflèrent et il s'approcha tout près de Jérôme Villeandré.

— Est-ce vous qui avez fait faire cela, monsieur? demanda-t-il les dents serrées.

— Oui, c'est moi, dit l'avare en reculant prudemment.

— Et pour quelques misérables écus tu as jeté, comme un chien, ma mère malade à la porte de sa maison, hurla le matelot.

Et, fermant ses deux poings nerveux, il les avançait jusque sous le nez de Jérôme Villeandré.

— Pierre, si vous me menacez, je vais faire dresser un procès-verbal, s'écria Jérôme d'une voix tremblante.

— Je me moque de tes grimoires, entends-tu, et, s'il n'y avait pas une justice au ciel, je casserais tes vieux os comme je casse ce bâton là.

Et arrachant la canne que l'avare portait, comme toujours, sous son bras, il la brisa, lui en jeta les morceaux à la face, et, s'avançant vers le lit :

— Ne pleure pas, Gélique, dit-il à l'enfant, nous allons aller au Chêne, et on te donnera bien une couette de balle pour coucher auprès de la vieille mère.

Cette consolation donnée, il ouvrit au large les battants du lit, prit, tout enveloppée dans ses ballins, la pauvre femme à demi pâmée par l'émotion et le froid, et s'éloigna après avoir dit, en s'adressant à Jérôme :

— Si ma mère meurt, tu pourras te garer. Aussi vrai que je suis gabier sur la *Bonne-Louise*, je t'arracherai le cœur.

Jérôme, le voyant parti, sentit le courage lui revenir. Il voulut députer quelqu'un à la gendarmerie et choisir des témoins. Ceux qui auraient pu lui en servir déclarèrent qu'à la place de Pierre ils auraient pareillement agi, et il fut obligé de faire emporter chez lui les quelques meubles de la vieille Jeanne que personne ne voulait acheter. Le lendemain il les fit vendre et il partit pour une de ses fermes après avoir fait une visite à Mignonne dont il surveillait l'appétit avec soin.

Quand Kolaz arriva pour donner à la jument sa pitance ordinaire, il la trouva couchée morte auprès de son ratelier vide. La dernière visite que son maître lui avait faite avait été pour lui ôter en grande partie cette maigre ration, qui devenait tellement insuffisante depuis plusieurs mois, qu'il avait en quelque sorte préparé lui-même la catastrophe dernière. Kolaz, fou de chagrin, se jeta sur le cadavre de la pauvre bête, l'embrassa en sanglotant et sortit de l'écurie, laissant derrière lui la porte grande ouverte.

— Où vas-tu, Kolaz? lui demanda le Caporal en le voyant passer la tête baissée.

— Me proposer au fermier des Roches comme pasteur.

— Tu t'en vas?

— Oui. Mignonne est morte de faim, la pauvre bête! et je m'en vais... Ah? si Pierre du Petit-Douez était arrivé!

— Il est arrivé, mon gars.

— Pas possible, dit Kolaz dont la figure triste s'éclaira.

— Il est au pays depuis avant-hier et il enterre sa

mère aujourd'hui. C'est pour elle qu'on sonne le glas, elle est morte dans la chambre des pauvres au Chêne. Pierre y est sans doute.

— C'est bon, s'écria Kolaz.

Et prenant un sabot dans chaque main, il s'élança comme un faon dans le sentier qui conduisait au Chêne.

XXII

Jérôme Villeandré ne rentra que fort tard ce soir-là. Kolaz ne paraissant pas, il supposa qu'il était couché dans son écurie et il n'en prit aucun souci. Il ouvrit sa porte, toujours soigneusement fermée, monta dans sa chambre, en ferma la porte à double tour, alluma une maigre chandelle de suif et se dirigea vers son lit. Sous la paillasse se trouvait un large coffret aux solides ferrures de fer. L'avare couchait sur son coffre fort. Il le prit à deux mains, le souleva à grand'peine et le transporta près de son bureau. Là il l'ouvrit, en tira successivement plusieurs sacs et les vida sur le bois, en prenant des précautions pour que les pièces d'or ne se heurtassent pas trop violemment. Puis il fouilla dans ses poches et y ajouta le contenu. Bientôt une masse d'or couvrit le bureau, et l'avare se mit à compter. Il ne se pressait pas. C'était pour lui une si grande volupté de palper ce métal qu'il aimait avec passion, qu'il faisait durer le plaisir. Au bout d'une heure, l'or s'élevait en piles régulières. Un instant, il contempla avec amour, dans une sorte d'extase, cet édifice dont la surface étincelait sous la pâle lueur de la chandelle, et puis saisi tout à coup du délire de la possession, il l'abattit d'un revers de la main et se mit à y plonger ses doigts crispés. Et sur son visage il y avait une expression de joie frénétique à donner le frisson.

Tout à coup ses mains s'immobilisèrent et il prêta l'oreille. Un bruit insolite venait de se faire entendre à ses côtés. Il se détourna, un cri rauque sortit de sa gorge, il se jeta instinctivement sur le bureau, couvrant son or de sa poitrine et de ses bras étendus, et haletant, épouvanté, les yeux à demi sortis de leur orbite, il demeura immobile pétrifié par la peur. Un homme se dégageait de dessous un monceau de vieilles hardes jetées dans un coin et s'avançait vers lui. C'était Pierre, le matelot.

— Je vous avais bien dit que, si ma mère en mourait, je vous arracherais le cœur, dit-il d'une voix contenue, mais menaçante. Elle est morte : à nous deux maintenant chien d'avare ! Vous qui jetez comme cela une pauvre chrétienne sous la pluie nous allons voir comment vous défendrez votre argent mignon.

— Pierre, vous ne le ferez pas, balbutia l'avare ; cet or n'est pas à moi, la gendarmerie est tout près, on vous prendra, et vous irez au bagne.

— Ne vous occupez pas de moi, monsieur ; vous avez été le premier voleur, chacun son tour. A présent que, grâce à votre dureté, ma mère est entrée dans la terre sainte du cimetière, je n'ai plus rien à faire au pays, et je viens prendre ici ma feuille de route. En voilà-t-il des pièces jaunes ! De quoi armer un joli petit navire avec votre vieille carcasse pour lest.

Il se tenait près du bureau les mains dans les poches, l'air calme, regardant avec un mépris indéfinissable le lâche vieillard, à demi couché sur son or.

Jérôme sentit qu'il fallait prendre un parti. Se levant soudain, il s'élança vers la fenêtre. Mais Pierre d'un bond le rejoignit, et, avant qu'il eût pu jeter son cri d'alarme, il le saisit par le milieu du corps et le rapporta au milieu de la chambre. Jérôme se débattait en vain, la lutte était trop inégale. En quelques secondes Pierre l'eut de nouveau terrassé. Après avoir étouffé ses cris au moyen d'un bâillon, il lui lia les bras et les jambes, il l'attacha solidement debout contre son lit. Cela fait, il revint tranquillement vers le bureau, prit au fond du coffre un grand sac de toile et y jeta l'or à poignées. L'avare se tordait sous ses liens, ses yeux s'injectaient de sang, l'écume de ses lèvres blanchissait le bâillon qui étouffait ses cris, il était effrayant et hideux à voir. Une fois le sac rempli, Pierre le jeta sur son épaule et sortit de la chambre, sans se presser. Il descendit à tâtons l'escalier obscur.

Dans la cuisine Kolaz l'attendait.

— Le tour est fait, dit gaiement le matelot, il rage et il agonise là-haut, mais ce n'est pas trop de quelques heures de peine pour tout le mal qu'il a fait dans sa vie. J'aurais bien voulu me contenter de lui faire peur, mais il était comme un enragé et il m'aurait dénoncé. Aussi l'ai-je laissé attaché comme une andouille au pied de son lit, mon mouchoir entre les dents. Je devrais bien le lui faire payer ; mais non, je ne veux pas toucher un liard de son argent maudit.

Il déposa le sac sur la table.

— Demain, il le retrouvera, dit-il, et je pense qu'il

me laissera tranquille et qu'il ne me fera pas poursuivre pour la belle peur que je lui ai faite. Si tu le voyais, il en est vert.

— J'irais bien lui tirer son bâillon, dit Kolaz d'un air rêveur, personne ne l'entendrait crier. Mais non, ajouta-t-il en enfonçant résolûment sa calotte sur sa tête, ma foi! il a fait crever Mignonne de faim, il attendra.

— Bien dit, mousse ; maintenant file ton nœud.

Kolaz, suivi par Pierre, descendit dans un petit cellier intérieur, il ouvrit le soupirail et ils se trouvèrent sur la place de Prévalon.

— Les camarades nous attendent, allonge les jambes petit, dit Pierre à voix basse.

— Soyez tranquille, je vous suivrai, répondit bravement Kolaz.

Et, se mettant en marche, ils se perdirent tous deux dans la nuit.

Le lendemain, les voisins ne furent pas médiocrement étonnés en voyant la maison de l'avare restée hermétiquement fermée. La barrière de la cour ne s'ouvrait pas comme d'habitude pour laisser passer Mignonne conduite par Kolaz, et le soleil de midi frappa sur les épais volets fermés. Alors on commença à se demander ce que cela signifiait; quelques personnes affirmaient avoir vu de la lumière la veille au soir dans la chambre habitée par l'avare, et bientôt la rumeur publique prit de telles proportions, que le représentant de la justice à Prévalon s'en émut. Après être allé aux renseignements et avoir appris de source certaine que M. Villeandré n'était pas absent de Prévalon, il se rendit dans la maison close. On frappa, rien ne répondit de l'intérieur. Les portes furent ouvertes, et le sac d'or laissé par Pierre, frappa tous les regards. Le magistrat le fit mettre en sureté et monta à l'étage supérieur.

Dans la chambre de Jérôme, un affreux spectacle l'attendait. L'avare était étendu mort sur le plancher au pied de son lit. En voyant enlever cet or, qui lui était plus précieux que le sang de ses veines, il avait sans doute fait pour se dégager des efforts tellement violents et tellement désespérés, que les liens qui le retenaient s'en étaient brisés. Il était tombé la face contre le plancher et ne s'était plus relevé. L'autopsie constata que la rupture d'un vaisseau avait causé la mort. Comme le cadavre ne portait aucune trace de violences, que le sac d'or ne permettait pas de s'arrêter à la pensée d'un vol, on ne poursuivit l'affaire que pour la forme, et le mystère ne fut point éclairci. La fuite de Kolaz parut suspecte ; mais Jérôme Villeandré était si détesté, que le magistrat, tout zélé qu'il fût, ne se sentit pas porté à déployer une grande rigueur. A Prévalon la consternation régnait parmi les âmes pieuses, et en passant devant cette maison noire on se signait, un chrétien y était mort sans sacrements.

M. Dartel prévenu avait dépêché un exprès à Saint-Brieuc, avec une lettre contenant les détails nécessaires. L'exprès trouva Joseph dans la rue. Il allait conduire à la diligence Armand Daumier, qui partait pour Paris. Quand ce dernier apprit ce dont il s'agissait :

— Te voilà libre enfin, dit-il ; je ne puis croire que tu veuilles rester à t'abrutir dans l'étude de maître le Bigot. Le plaisir, la fortune et la gloire sont à Paris, je vais les y chercher, tu vaux mieux que moi, tu ne saurais les manquer. Faut-il arrêter ta chambre dans mon hôtel ?

Depuis qu'Armand avait obtenu d'échanger le titre de clerc de notaire contre celui d'étudiant en droit, il s'était acharné à dégoûter Joseph de son métier et de sa province, en lui rétrécissant comme à plaisir un horizon déjà étroit, et en grandissant outre mesure son mérite. Les peintures séduisantes qu'il lui faisait de la vie de Paris, les longues et vagues perspectives qu'il ouvrait au regard de son ami, avaient presque à l'insu de Joseph agi sur l'esprit de celui-ci, et tous les jours sa résistance faiblissait.

Réné Simontey combattait énergiquement la nouvelle direction, que Joseph était parfois tenté de donner à sa vie ; il faisait momentanément évanouir sous le souffle du raisonnement les fantômes évoqués par l'imagination d'Armand, il prédisait que cette transplantation serait fatale au jeune Breton qui, en définitive, n'était ni un intrigant ni un homme de génie ; mais Armand, d'un autre côté, battait en brèche ces sages idées. La vie était à Paris, le bonheur était à Paris, rien n'empêchait Joseph d'y dresser sa tente, d'y tenter fortune, et de sortir de ce petit chemin dans lequel un homme de sa valeur ne pouvait marcher.

En apprenant la mort de son oncle, Joseph fut violemment saisi par la pensée de cette indépendance complète et de cet accroissement de fortune dont il allait jouir.

— Oui, répondit-il, j'essaierai.

— Bravo ! et vive la folie ! s'écria l'étourdi. Quand viendras-tu ?

— Aussitôt que mes affaires d'intérêt seront arrangées.

— Ce qui donne ?

— Un mois, je pense.

— C'est bien, je t'attendrai ; sans adieu, mon cher.

Ils se serrèrent la main, Armand monta en voiture en fredonnant ce refrain si connu :

Mon verre est plein et je vois
La vie en rose.

Joseph se rendit chez maître le Bigot.

En entrant dans l'allée obscure, il se heurta contre un homme debout contre le poteau de l'escalier.

— Excusez, dit l'homme en portant la main à son chapeau goudronné, n'êtes-vous pas monsieur Villeandré?

— Si, dit Joseph; que me voulez-vous?

— Je viens vous chercher, monsieur, de la part d'un des gabiers *de la Bonne-Louise*. Il m'a dit : « Tu lui diras qu'il est arrivé malheur au petit Kolaz et qu'il le demande, et il viendra. » Et je suis venu à Saint-Brieuc, vous demandant partout, et voilà un quart d'heure que je suis là guettant votre arrivée.

— Mais que lui est-il arrivé, ne le savez-vous pas ?

— Non, monsieur, pas au juste; je travaillais au chantier, Pierre est venu me donner sa commission, et j'ai bien vu que le matelot avait du chagrin. Je suis parti tout de suite. Tous les marins couraient du côté de *la Bonne-Louise*, et j'en ai entendu un qui disait : « Dame, il faut être à l'habitude pour se mêler de courir sur les vergues comme un oiseau dans un arbre, c'est pas étonnant que le pied lui ait manqué à ce pauvre diable. »

— Attendez-moi un instant, dit Joseph, je reviens.

Il monta à l'étude, prévint M. Perrot qu'un empê-chement imprévu lui survenait, descendit et dit au messager :

— Venez.

Et ils prirent à grands pas le chemin du Légué.

XXIII

Un quart d'heure plus tard, Joseph inquiet, essoufflé, mettait le pied sur le pont de *la Bonne-Louise*. Le pauvre Kolaz y gisait à demi mort. On lui avait construit à la hâte une sorte de couchette, et son corps brisé y était étendu. Un prêtre se tenait à droite, Pierre, du *Petit-Douez*, était debout devant lui, le visage morne et les yeux humides.

La figure du pauvre enfant était si décomposée et si pâle, que Joseph crut que c'était fini.

— Ah ! mon Dieu ! j'arrive trop tard, s'exclama-t-il.

— Non, monsieur, répondit le prêtre, et il n'y a qu'un instant il nous parlait encore de vous.

— Est-il venu un médecin ?

— Le chirurgien du bord a déclaré que c'était un miracle qu'il vécût encore.

— Et c'est grâce à moi que ce malheur est arrivé, gémit Pierre en enfonçant avec désespoir ses deux mains dans ses cheveux crépus, c'est moi qui lui ai permis d'aller se balancer sur la vergue, à lui dont le pied n'avait jamais senti le goudron.

— Le diable d'enfant a voulu faire comme les mousses, dit un vieux marin. Tu lui avais recommandé d'être prudent, matelot, et d'aller en douceur. C'est pas ta faute si, au lieu d'écouter tes avis, il s'est mis à grimper partout comme un écureuil.

En ce moment, Kolaz souleva ses paupières, son regard déjà voilé s'arrêta sur Joseph, auquel le prêtre avait fait un signe et qui s'était agenouillé pour mieux entendre ce qu'il allait lui dire.

— Ah ! monsieur Joseph, bégaya-t-il, vous voilà enfin, je me suis donné un fameux saut, allez, ces échelles-là ne valent pas les arbres de Prévalon. Mignonne est morte et Pierre m'a emmené ; ne pleure pas, Pierre. Monsieur Joseph, c'est un joli navire que la *Bonne-Louise,* n'est-ce pas ?

Il s'interrompit, ferma les yeux, et reprit avec plus de difficulté encore :

— Je me suis confessé, dame ! et j'ai reçu mon bon Dieu. Oh ! là, là, je n'y vois plus, mon Dieu, mon Dieu !

Sa tête brune oscilla sur l'oreiller et retomba immobile. Le prêtre se mit à genoux, tous les assistants l'imitèrent, et la brise de mer emporta sur les navires voisins les syllabes funèbres du *De profundis*.

Pendant qu'on s'occupait d'aller préparer à Kolaz, dans une maison voisine, un lit de repos jusqu'au moment de l'inhumation, Joseph resta en prières aux côtés du cadavre. Ce pauvre enfant avait été de tout temps mêlé à sa vie, il lui avait témoigné une affection profonde, et sa mort lui causait un véritable chagrin. En regardant cette figure rigide, naguère si mutine, si vivante, si animée, des larmes lui jaillissaient des yeux.

Quand on vint chercher le corps, il le suivit et voulut envelopper lui-même dans le linceul l'orphelin sans ami et sans famille, dont la vie avait été si courte et si délaissée.

Ces derniers soins venaient de lui être rendus, Joseph venait de placer entre ses mains jointes son petit chapelet de verroterie, qu'on avait trouvé dans une poche de sa veste et qu'il allait emporter dans la tombe, quand la porte de la maison s'ouvrit. Joseph, surpris, vit entrer successivement l'abbé Michel, Gaston et Christian de Prévalon.

Ils demeurèrent saisis devant le cadavre.

— Dieu le voulait ainsi, il paraît, dit l'abbé en s'adressant à Gaston.

Et, s'adressant à Joseph.

— Cet enfant, demanda-t-il, est bien l'orphelin élevé par votre oncle et connu dans Prévalon sous le nom de Kolaz ?

— Oui, monsieur ; hélas ! c'est bien lui.

L'abbé inclina la tête, marcha vers le lit et baisa le front glacé du mort. Gaston et Christian l'imitèrent.

Et puis, ils sortirent en faisant signe à Joseph de les suivre.

Joseph, dont l'intérêt était puissamment éveillé, suivit enfin, et l'énigme, l'obscure énigme, reçut son incroyable explication.

Une lettre de Jérôme Villeandré avait été remise, en cas de mort, au président du tribunal, devant lequel se poursuivait l'affaire de la revendication de l'héritage.

Cette lettre ouverte, on avait, non sans étonnement, appris que le petit vagabond, connu sous le nom de Kolaz, était l'enfant du fils aîné de Bertrand de Prévalon. Jamais Jérôme Villeandré n'avait voulu avouer le lieu de sa retraite, et, dans ses entretiens avec Mme de Prévalon, il l'avait toujours fait vivre au loin. Le jour où ce secret était révélé, l'abbé Michel se trouvait chez le magistrat, qui usait ainsi de son droit et qui faisait ordonner sur-le-champ des perquisitions pour retrouver l'enfant échappé de Prévalon.

Grâce à cela, l'abbé, que MM. de Prévalon accompagnaient à Saint-Brieuc, avait appris en même temps le lien de parenté qui l'unissait à Kolaz, sa présence au Légué et l'accident qui lui était arrivé. Il s'y était rendu aussitôt. On a vu ce qui l'y attendait.

Le lendemain, grande fut la surprise de l'équipage de *la Bonne-Louise*, quand ils virent en tête du cortége funéraire du pauvre mousse, ces hommes que la distinction de leurs manières faisait reconnaître pour des personnages d'un haut rang; plus grande fut-elle encore quand, à l'issue du service divin, ils virent déposer dans un char mortuaire richement orné, le petit cercueil qu'ils se préparaient à conduire au cimetière de Plérin.

Il y eut bien des commentaires de faits en revenant de l'église, et cette fois il y avait vraiment de quoi saisir la curiosité publique.

Quelques semaines plus tard, dans l'enclos entouré d'une lourde grille où se dressaient les majestueuses sépultures des Prévalon, dans le cimetière de Prévalon, se voyait une nouvelle tombe en marbre blanc. Au-dessous de l'écusson, surmonté de la couronne de comte, se lisait cette inscription :

Ci-gît
RAOUL-HONORÉ-NICOLAS-MARIE
DE PRÉVALON.

Le pauvre petit Kolaz reposait sous ces frais ombrages sous lesquels s'était passée une grande partie de sa vie ; l'or et le marbre marquaient sa place dans ce vert cimetière où il avait si souvent couru pieds nus, libre comme l'oiseau du ciel et pauvre comme lui.

XXVI

On parlait beaucoup dans le salon du Chêne, de ce joli parler de femmes, doux et agréable à entendre. Il y avait cependant là plusieurs hommes, mais c'étaient les jeunes filles qui babillaient. Une foule de bonheurs étaient sortis des derniers évènements, et chacun jouissait largement de la part qui lui était faite.

Alix de Prévalon, Laurence, Claire Beautier et Titine, qui se posait décidément en jeune fille, causaient avec une grande animation, et jamais la blanche et rêveuse figure de Claire n'avait revêtu une telle expression de gaieté.

Il serait bon d'indiquer sommairement l'enchaînement des circonstances et d'apprendre au lecteur ce qui s'est passé.

Il le sait à l'avance, par la mort de Kolaz et la renonciation de l'abbé Charles la famille de Prévalon échappe au scandale d'un procès, au danger d'un morcellement de fortune. Le mariage d'Alix est renoué, et il est question de faire restaurer une maison de campagne située dans les environs, dont elle ferait sa résidence d'été.

Joseph et Titine sont émancipés, et ont disposé de l'opulente succession de leur oncle d'une façon qui leur a mérité l'estime et la sympathie générales.

D'abord ils ont remis complètement sa dette au bon docteur, en réparation des injurieux procédés de l'avare ; et il a manqué perdre la tête le jour où il lui a été prouvé qu'il conserverait la maison étrange et chérie, réalisation de ses rêves.

Ensuite, ils ont fondé un établissement de charité desservi par les sœurs du Saint-Esprit, dont tout Prévalon se trouvera bien.

Après avoir ainsi disposé en grande partie de l'argent qu'ils supposaient avoir été acquis par l'usure, ils se sont, quand même, trouvés à la tête de la fortune patrimoniale de l'avare, quadruplée par sa parcimonie, par son habileté consommée, par son entente des affaires, par son crédit illimité qui lui permettait de ne reculer devant aucune affaire avantageuse.

Grâce à l'aisance survenue dans sa famille, Émile Beautier a pu revenir à demi mort de faim et de froid de ce Paris, ville de ses espoirs insensés. Bien que furieux contre les éditeurs et les journalistes, qui n'ont pas daigné accepter ses chefs-d'œuvre, il n'en continue pas moins à produire des poésies détestables et des romans incongrus. Claire va enfin échapper pour un temps à ce milieu où l'ennui et la tristesse la rongent. La vicomtesse Alix a lu ses vers, les a fait juger, et a obtenu qu'elle passerait quelques mois à Paris avec elle, en déclarant qu'elle ne laisserait pas ainsi s'éteindre un talent vrai, riche d'espérances.

Joseph a quitté Saint-Brieuc. Mme le Bigot et Mlle Colette parlent de lui toute la journée, le souper de la côte de bœuf est assombri par son absence ; dans l'étude,

M. Perrot soupire en regardant son bureau vide ; Réné Simontey va régulièrement donner de ses nouvelles et se joindre au concert de regrets qui s'élève dès que le nom du jeune clerc prévalonnais est prononcé ; madame de Châteaunay lui écrit des lettres pleines de larmes.

Dans ces quelques mois, il a conquis des amitiés et des sympathies durables. On s'est attaché à lui comme on s'attache à ce qui est bon et généreux.

Mais revenons au salon du Chêne, où l'on cause toujours.

— Mon Dieu ! comme elles parlent, avait dit Mme Boisselet à sa fille en levant les yeux au ciel.

Et Mme Dartel avait ri silencieusement en regardant sa fille, qui s'était emparée du dé de la conversation, et dont son jeune auditoire écoutait volontiers le spirituel babil.

En ce moment, une servante vint avertir Joseph que son oncle l'attendait dans son cabinet.

— Que c'est dommage ! murmura le jeune homme en regardant Laurence.

Et il sortit d'assez mauvaise grâce.

M. Dartel avait l'air très-sérieux.

— Il faut que nous éclaircissions aujourd'hui toutes les questions qui nous occupent, dit-il, et que tout soit bien réglé entre nous. Assieds-toi.

Joseph s'assit.

— Ton intention bien arrêtée est donc d'aller faire ton droit à Paris et peut-être de t'y fixer, reprit M. Dartel.

— Oui, mon oncle.

— Je n'ai pas besoin de te le dire, Joseph, les observations que je veux te faire ne me seront pas dictées par la sordide avarice de celui qui fut ton tuteur, ni par la maladroite pensée de t'imposer ma manière de voir.

Joseph se hâta de protester qu'il le savait parfaitement, et qu'il reconnaissait à son oncle tout droit de représentation.

Alors M. Dartel lui peignit tour à tour les deux destinées qui s'offrait à lui. Par l'une il allait à Paris dépenser inutilement de l'argent, se dégoûter de la vie simple et monotone de la province et peut-être perdre le goût du travail et des occupations sérieuses. Par l'autre, il continuait les traditions de famille, faisait acheter l'étude de son père par quelque vieux clerc, s'habituait à gérer sa fortune et celle de sa sœur, vivait avec Valentine à Prévalon au milieu de ses parents et peu éloigné de ses amis, ce qui ne l'empêchait pas d'aller prendre ses inscriptions à Rennes, pour devenir plus tard un notaire capable, dont le nom seul serait une garantie de confiance dans le pays.

— Je ne te le cache pas, dit M. Dartel en finissant,

voilà ce que nous désirerions te voir faire Valentine et nous. Ce vieux M. Perrot, dont tu nous as parlé, te servirait de prête-nom. J'ai pensé que tu n'avais pas suffisamment réfléchi à toutes ces choses. Et voilà pourquoi j'ai remis à demain à répondre à un jeune homme qui m'a fait de bonnes propositions pour l'étude, et à cette famille qui veut prendre la maison à bail. C'est à toi à faire un choix définitif.

Joseph se sentait ébranlé, mais il s'était fait à l'idée d'aller à Paris, il se regardait comme engagé vis-à-vis d'Armand Daumier. Après un instant de silence :

— Mon oncle, dit-il, je vous remercie ; mais ma résolution est prise, je n'en changerai pas.

— C'est bien, n'en parlons plus, dit M. Dartel d'un ton évidemment peiné. Puisses-tu ne jamais regretter la décision que tu viens de prendre ! Demain je tâcherai de m'arranger avec ce monsieur, et je louerai la maison. Tu peux retourner dans le salon, c'est tout ce que je voulais te dire.

Joseph le quitta tout songeur et retourna prendre sa place dans le salon ; mais, en le voyant entrer pensif, Laurence et Titine devinrent silencieuses, et l'après-midi finit tristement.

Mais ce fut surtout le moment du départ qui fut cruel. Valentine en l'embrassant pleurait à chaudes larmes,

Laurence paraissait très-abattue. Il partit cependant et il alla attendre la voiture dans la chambre qu'il occupait dans l'ancienne maison paternelle. En traversant la cuisine il aperçut Catherine qui, depuis le matin, pleurait au coin de ce foyer désert qu'elle avait bien espéré voir reprendre son ancienne vie. Toutes ces larmes que son départ faisait répandre avaient impressionné Joseph. Il s'assit tristement sur sa malle fermée et tomba dans une profonde rêverie.

Le plan tracé par son oncle lui revint à l'esprit. Il se vit revenu dans la maison de ses ancêtres avec sa sœur qu'il aimait tendrement et cette servante dévouée qui lui avait en quelque sorte consacré sa vie ; il regarda dans l'avenir et il sourit, la figure gracieuse de Laurence remplaçait devant lui celle de Valentine. Et il allait quitter cette vie facile, heureuse, pour une existence inconnue, solitaire ; il allait volontairement, de plein gré, livrer au vent du hasard une destinée préparée par la Providence, il allait courir après le bonheur, quand le bonheur était là sous sa main, il allait lâcher la proie pour l'ombre.

Il releva brusquement la tête.

— Je suis fou en vérité, murmura-t-il.

Il se leva et ouvrit la fenêtre. Le soleil couchant brillait sur les vitraux de l'église, et dans le lointain teignait de pourpre les grands arbres de la forêt de Prévalon. Il contempla un instant l'horizon ouvert devant ses yeux et ne le trouva pas étroit.

— Plutôt ici qu'ailleurs, pensa-t-il ; suis-je donc un homme à si hautes destinées ?

Il descendit en courant, embrassa Catherine qui pleurait toujours, lui dit :

— Console-toi, je reste.

Et reprit à grands pas le chemin du Chêne.

Il entra dans le salon, muet et déjà obscur.

— Toi ici ! s'écria Valentine en tressaillant.

— Oui, moi ; je ne partirai pas.

On l'entoura, on le félicita, on l'embrassa.

— Ainsi tu n'iras pas à Paris, c'est sûr ? demanda une dernière fois Titine, qui ne pouvait croire à tant de bonheur.

— Je ne dis pas cela, Titine, répondit gravement Joseph.

Et baissant la voix, il ajouta plaisamment :

— J'y conduirai ma femme.

Si le salon n'avait pas été si sombre, on eût vu Laurence rougir et Titine lui appuyer la main sur l'épaule en lui murmurant quelque chose tout bas.

Un mois après, maître Perrot était installé avec le titre de notaire et de beaux appointements dans l'étude où il devait régner en maître jusqu'au moment où il serait légalement remplacé par maître Joseph Villeandré. Les panonceaux étaient triomphalement replacés au-dessus de la haute porte cintrée, et si l'insensibilité de la mort n'avait pas glacé les restes de l'aïeule de Joseph elle en eût sans doute tressailli de bonheur dans les profondeurs de son tombeau.

ÉPILOGUE

Au moment de terminer cette longue histoire et de laisser à tout jamais retomber dans l'oubli Prévalon et ses habitants, l'auteur s'est demandé si, pour l'entière satisfaction de la curiosité des lecteurs, les destinées de ses héros se trouvaient assez définitivement fixées. D'après la réponse négative qu'il s'est faite à lui-même, il soulève le rideau à demi abaissé et les convoque à une dernière représentation.

Le principal théâtre de l'action générale nous apparaît. Six années se sont écoulées. L'aspect du bourg de Prévalon qui sera, dans un avenir prochain, une station du chemin de fer, et auquel diverses entreprises industrielles commencent à donner de l'importance s'est amélioré.

Des habitations riantes s'élèvent çà et là, les rues sont mieux entretenues, et quelques jolis magasins, qui annoncent l'extension du commerce, les égaient par leur devanture fraîchement peinte. Il y a toujours de l'air, de l'ombre, les senteurs vivifiantes de la campagne ; mais la ville y introduit quelques-uns de ses avantages. C'est dimanche aujourd'hui, car les Prévalonnais sont en habits de fête et les cloches sonnent à grandes volées.

La porte de la maison Villeandré, au-dessus de laquelle resplendissent les panonceaux dorés, s'ouvre devant Joseph Villeandré. Laurence le suit, elle prend son bras, et ils montent la place en causant.

Catherine, commodément appuyée sur la fenêtre ouverte de la cuisine, les regarde passer, et, interpellant le Caporal qui fume sa pipe au-dessous d'elle :

— Vous ne me dédirez pas, Caporal, dit-elle ; mais sûrement, v'là le plus joli couple de tout Prévalon.

Sous le grand maronnier, Joseph et Laurence vont se mêler à un groupe nombreux. Outre quelques nouvelles figures qui appartiennent à des Prévalonnais de passage, nous voyons là beaucoup de nos anciennes connaissances :

Le riche financier, Auguste Dorcourt, devenu tout uniment, à la mort de son père, percepteur de Prévalon, avec Titine pour femme, ce qui n'est pas son moindre bonheur.

Tous les Dartel. Parmi eux, Charles, le ministre manqué qui, son droit fini, s'est bien simplement établi avocat dans la ville voisine où il fait de bonnes affaires, et où se prépare son mariage avec une jeune fille qui va augmenter le nombre des jeunes femmes distinguées de la famille, et Paul, qui porte encore l'uniforme d'élève de Saint-Cyr.

Le docteur Béautier, sa femme et ses filles, moins Claire. Le bon docteur semble rajeuni et secoue, dit-on, définitivement le joug de Mélanie qui devient, par cette étonnante révolte, un peu plus calme. Il ne fait plus guère de médecine, et c'est sur ses plans qu'a été bâtie la maison du jeune ménage Dorcourt. Il a fait de plus, à l'intérieur de la maison Villeandré, les réparations rêvées par Mme de Châteaunay, il a dessiné le verger situé derrière le grand jardin, et ces deux enclos réunis sont devenus un joli parc anglais qui n'est séparé du jardin du Chêne que par le sentier par où Joseph et la petite nymphe prévalonnaise allaient autrefois visiter Laurence.

Enfin, Réné Simontey qu'on voit sans cesse à Prévalon et qui, en ce moment, paraît distrait et dont l'intelligent regard va se perdre vers la cime des grands arbres parmi lesquels se voient l'hiver les hautes cheminées du château de Prévalon.

On a à peine échangé quelques bonjours que le roulement d'une voiture se fait entendre. Une calèche découverte arrive au trot de ses deux chevaux. Mme Alix a vis-à-vis d'elle sa fille et son gendre, à ses côtés s'assied une jeune fille blonde. M. Beautier et Réné Simontey sont les premiers à saluer ces dames. La jeune fille blonde prend le bras du docteur en lui disant :

— Bonjour, cher père.

Certes, dans cette femme distinguée, à la tournure élégante, au regard assuré et profond, personne ne reconnaîtrait, au premier abord, la petite muse de Prévalon, Claire Beautier, qui s'en allait, la pauvrette, chercher, dans les plantureuses prairies de la forêt de Prévalon, des herbes savoureuses pour sa vache affamée et qui trouvait éclose sous ses pieds d'enfant la divine fleur de poésie. C'est elle cependant.

Toutes les espérances de Mme de Prévalon se sont réalisées. Claire Beautier a publié un volume de poésies, son suave talent a été apprécié à sa valeur. C'est l'étincelle révélant la flamme, et autour de son front rêveur, qui n'a rien perdu de sa modestie, se dessine déjà vaguement l'auréole qui ceint les fronts de génie.

Entre ceux qui attendaient et ceux qui arrivent s'engage une conversation qui ne manque pas d'intérêt, les amies se cherchent et échangent quelques paroles intimes qui parviennent à notre oreille indiscrète.

De tout cela, voici le résumé de ce qui nous intéresse : Gaston de Prévalon fait un voyage d'Italie avec son fils Christian, et on en a de bonnes nouvelles ; Mme la vicomtesse douairière de Prévalon, atteinte d'une maladie de cœur, s'installe comme pensionnaire dans un des couvents de Paris et déclare vouloir y finir ses jours ; Mme de Châteaunay se fixe définitivement à Saint-Brieuc, dans un petit appartement de la rue Notre-Dame, et cela par amitié pour Mlle Colette ; l'abbé Michel a revêtu la robe blanche des fils de Saint-Dominique et habite la maison de Bordeaux ; Armand Daumier, dont les hautes folies ont alarmé la famille, les expie dans un bourg de Bretagne où il médite à loisir sur son avenir fortement compromis et sur le bonheur que donnent le désordre et la liberté sans frein.

En contemplant ce groupe animé qui forme la société prévalonnaise, à laquelle se mêlera, assure-t-on, Réné Simontey, si telle est la volonté de Claire Beautier, et d'où semble s'échapper le mauvais esprit prévalonnais qui, dans la génération nouvelle, n'aura pour représentants que Lucie Beautier et son frère Émile, on comprend la vie à Prévalon. Cette vie calme de la campagne où l'austère devoir occupe sa place, qui a sa part de soucis, de souffrances, de malheurs imprévus, mais où le cœur trouve ses points d'appui dans les relations de famille et d'amitié, où le caractère s'élève et se trempe par les jouissances intellectuelles dont chacun a plus ou moins le goût, où les croyances se soutiennent et se fortifient, car la foi de chacun est la foi de tous.

Mais les cloches s'ébranlent de nouveau, le peuple accourt, la société prévalonnaise se fractionne et se dirige vers l'église dont toutes les portes s'ouvrent, et, dans des sentiments qu'il ne m'appartient pas d'exprimer, cher lecteur, vous adressez un dernier adieu à Prévalon et aux Prévalonnais.

FIN

Abbeville. — Imp. P. Briez.

LIBRAIRIE D'AMBROISEBRAY, ÉDITEUR
...SSETTE, 20, A PARIS

ANNA-MARIA TAIGI (la vénérable servante de Dieu), d'après les documents authentiques du procès de Béatification, par le R. P. BOUFFIER, de la Compagnie de Jésus, 1 vol. in-12 . . . . 2 50

C'est à la fois une des vies les plus pratiques et les plus merveilleuses que nous offrent les fastes des saints.

VIE DE N.-S. JÉSUS-CHRIST, d'après les quatre Évangélistes, avec des réflexions pratiques tirées des saints Pères, ouvrage traduit de l'italien par M. l'abbé LEGROS, précédé d'un avant-propos par M. l'abbé MATIN DE NOIRLIEU, et approuvé par NN. SS. les évêques de Verdun et de Nancy. 1 vol. in-12. . . . . 2 50

Le même ouvrage, édition de propagande. 1 vol. in-18   1 25

Cette vie se divise par chapitres, dont chacun renferme un fait, un miracle, une démarche de Notre-Seigneur : l'auteur les accompagne de réflexions solides et pieuses. C'est un de ces livres qu'on ne saurait trop recommander pour lectures quotidiennes dans les maisons d'éducation et dans les familles chrétiennes.

MARIE AU CŒUR DE LA JEUNE FILLE, ouvrage traduit de l'italien par M. l'abbé BAYLE, auteur des *Vies de saint Philippe de Néri, de saint Vincent Ferrier*, etc. 2e édit., revue avec soin. 1 beau vol. in-32. . . . . 1 20

Cet excellent petit livre, traduit de l'italien, est destiné aux jeunes filles qui sont appelées à vivre dans le monde. A une aimable simplicité, qui le met à la portée de toutes les intelligences, il réunit une onction exquise et une élégance pleine de charme. L'auteur sait inspirer l'amour de toutes les vertus chrétiennes, surtout celles qui forment la plus belle parure de la jeunesse.

FLORENCE RAYMOND, par Mlle J. GOURAUD. 1 beau vol. in-18 anglais . . . . 2 »

Des tableaux pleins de fraîcheur, des scènes touchantes, des détails qui attestent une imagination riche et riante, prêtent à ce livre un intérêt plein de charme.

CŒURS DÉVOUÉS (les), par M. Alfred DES ESSARTS. 2e édition, revue et augmentée. 1 beau vol. in-18 anglais. . 2 »

Tout est intéressant dans ces simples narrations, qui font plus d'une fois venir les larmes aux yeux ; ce livre fait vibrer les cordes sensibles du cœur, et s'adresse aux plus généreux sentiments de la nature humaine... (*Bibliog. Catholique*).

ABBEVILLE — IMP. P. BRIEZ

www.ingramcontent.com/pod-product-compliance
Lightning Source LLC
Chambersburg PA
CBHW070756170426
43200CB00007B/808